勉強が大好きになる

花まる学習会の育て方

花まる学習会・代表
高濱正伸
Takahama Masanobu

かんき出版

まえがき

この本を手にとっているほとんどの方が、今まさにお子さんを育てている親御さんでしょう。なかでも、とくにお母さんが多いのではないでしょうか。

この本は、お子さんが勉強を大好きなままに育ち、あと伸びしてもらうために書きました。大好きな「まま」というのがポイントです。

つまり、子どもは本来、学ぶように生まれついているし、学習は何の科目でも好きになれるようにできています。

ところが小学校も高学年くらいになると、「算数苦手」「国語きらい」と言い放つ子が続出します。

その大半は、周りの大人がそうしてしまったものです。先生による不用意なひと言のせいということもありますが、圧倒的に多いのは保護者、とりわけお母さんの言葉や態度で、そうさせられてしまっているケースです。

母はみんな、わが子を心の底から愛しているし立派に育ってほしいと願っているのに、なぜでしょう。


この本は、そうした親御さんたちが陥りがちな穴に気づき、長期的な心構えを持ってもらうことをめざしました。そして、学ぶことが大好きな大人に育ってもらうための見取り図を示したつもりです。


第1章では、親であることの基本知識として、私が毎回の講演会で前提として話しているポイントを書きました。

第一は時間軸。子育ての態度はおおむね2つのタイプを、成長に応じて切り替えればよいということ。今のお母さんは「子育て情報」が多すぎて困っています。そこを「2種類でいいのですよ」とシンプルに提示しています。

簡単にいえば幼児期と思春期。わかっているようで、その時期ならではの落とし穴にはまっている家庭をたくさん見てきました。

幼児期の典型的なものは、相手が幼児であるのに「もう、何回言えばわかるの！」と切れてしまうような落とし穴。思春期では、「娘と対等なバトルになっている母」とか「息子の世話をやめられない母」という落とし穴。これらは誰でも落ちる、そして深刻な陥穽《かんせい》です。

第二は、母の孤独について。どうしても上の子にきつく言ってしまう、ほめたくてもほめられない、わかっていてもできない……。そんなお母さんに必要なのは、がんばり精神ではなくホッとできることです。

そしてそのためには、昭和30年代あたりから進行してきた「地域・近所付き合いの崩壊」「核家族化と1人きり子育ての一般化」といった、時代的病巣に気づいて、どうすれば「自分をホッとさせられるか」という、意識的な戦略が必要なのです。具体的なホッとできるカードについて言及しています。

第三は、「男と女の壁」について。詳細は『夫は犬だと思えばいい。』（集英社）にくわしいのですが、「恋人だ」「結婚だ」という時期は心配はいらないものの、結婚して子どもが生まれ、という節目を過ぎると、第二の問題である「時代的な母の孤立の病」もあって、母親は安心からどんどん遠ざかってしまいます。

おたがいにいい家族でいたい、子どもをしっかり育てたいと、方向性は一致しているはずなのに、妻と夫はすれちがいだらけ。その原因を明示し、明るく協力して子育てを楽しめる方策を示します。

第2章では、親として「さあ子育てだ」と意気込んだ状態にあるときに、本当のところ子どもの何をどう育てればいいのか、その具体的目標を、私なりの信念として示します。

ただ勉強ができればいい、学歴があればいいとは、もう誰も信じていません。それは高学歴なのに、相手の気持ちひとつがわからずに会社で疎んじられている人、社会に出ていけなくなった人など、気の毒な例を、みんな一例や二例は知っているからです。

学歴はあったほうがいいけれど、それだけではだめなこともわかっている。では何が必要か、自信を持って言い切れるでしょうか。ただの思いつきではなく、哲学・理念として。

私は、社会人になれなかった大人、社会人として幸せになれなかった大人、そういう多くの例を、相談者としても、そこここに行きあたる知人の関係者としても、数多く見てきて、本当に必要な力とは何だろうと考え続けてきました。

『わが子を「メシが食える大人」に育てる』（廣済堂出版）にその視点は明示しましたが、ここでは「能力」「意欲」「感性」という3つの切り口で新たにまとめました。


第3章と第4章は、それぞれ幼児期と思春期という2つの時期に、具体的に何をどうすればさまざまな力が伸びるのかを記しました。

第3章の幼児期編では、「遊び」「体験」がいかに重要な「学び」の基本であるかを、また「国語力」と「算数力」の基礎となる「数理力」「思考力」について、世に流布する早期教育とは完全に一線を画した、家庭・生活のなかで伸ばす方法として、くわしく書きました。

第4章の思春期編では、親が切り替わるべきこと、外の師匠の有効性という、基本の心構えをまず示しました。

「親が子離れできない」「親が幼児期までと同じ言葉遣いや態度で接する」といった、これまで私が多く見てきた失敗例を紹介しながら、この時期に必要な子育ての方針を書いてあります。

また、この年齢だからこそできる「ノート法をはじめとした『学習のしかた』の指導」や「できる子の思いつき方を学ぶ『発想法の体系化』」などについて、具体例とともにまとめました。

多くの子どもたちは小学5年生や6年生になって塾に通いはじめますが、実は、このことは理にかなっているのです。

ですから、お子さんが小学5年生や6年生になっているからといって、決して遅くはありません。親御さんにも、子育てのビジョンを考えるうえでなぜそれが有効か、どういう力をつけるべきなのかということを理解しておいてほしいのです。

ご両親のなかでも、とくに母の安心と笑顔は、子育ての大黒柱です。

この本を読むことによって、

「そうか、これから小学校から中学校にかけて、こういうふうに育っていくんだな、家ではこういう言葉がけや行動に留意すればいいのだな、年齢別のとらえ方はこういう感じなんだな」

などと、見通しが立つスッキリ感を抱いていただき、親御さんの安心感につながれば本望です。

2013年2月

花まる学習会・代表　高濱正伸

第2章

わが子をどのように育てたいのか

勉強ができてメシが食える大人に必要な能力・意欲・感性

第3章

幼児期の子どもへの接し方と勉強のさせ方

4〜9歳までは遊びで国語力と算数力の基礎を身につける

第4章

思春期の子どもとの距離の取り方と学ばせ方

小学5～6年生に身につけさせたい学習法と発想法

企画協力／神原博之（K.EDIT）

第１章

お母さんとお父さんが心得ること

幼児期と思春期の子どもの違いを知って対応する

子ども時代の「時間軸」を知ることからはじめる

塾や講演会でたくさんのお母さんとお話をするなかでよくいただく反応が、「子育てには、赤いハコ（幼児期）と青いハコ（思春期）という２つの時期があることがわかっただけでも、だいぶラクになりました」というものです。

子ども時代には大きく2つのハコがある

私は常々、「赤いハコ」と「青いハコ」になぞらえて、幼児期と思春期にある子どもたちの特徴と、基本的な態度についてお伝えしています。

まず、この赤いハコと青いハコとはそれぞれどういうことか、くわしく説明しましょう。次ページの図をご覧ください。

子ども時代の2つのハコ

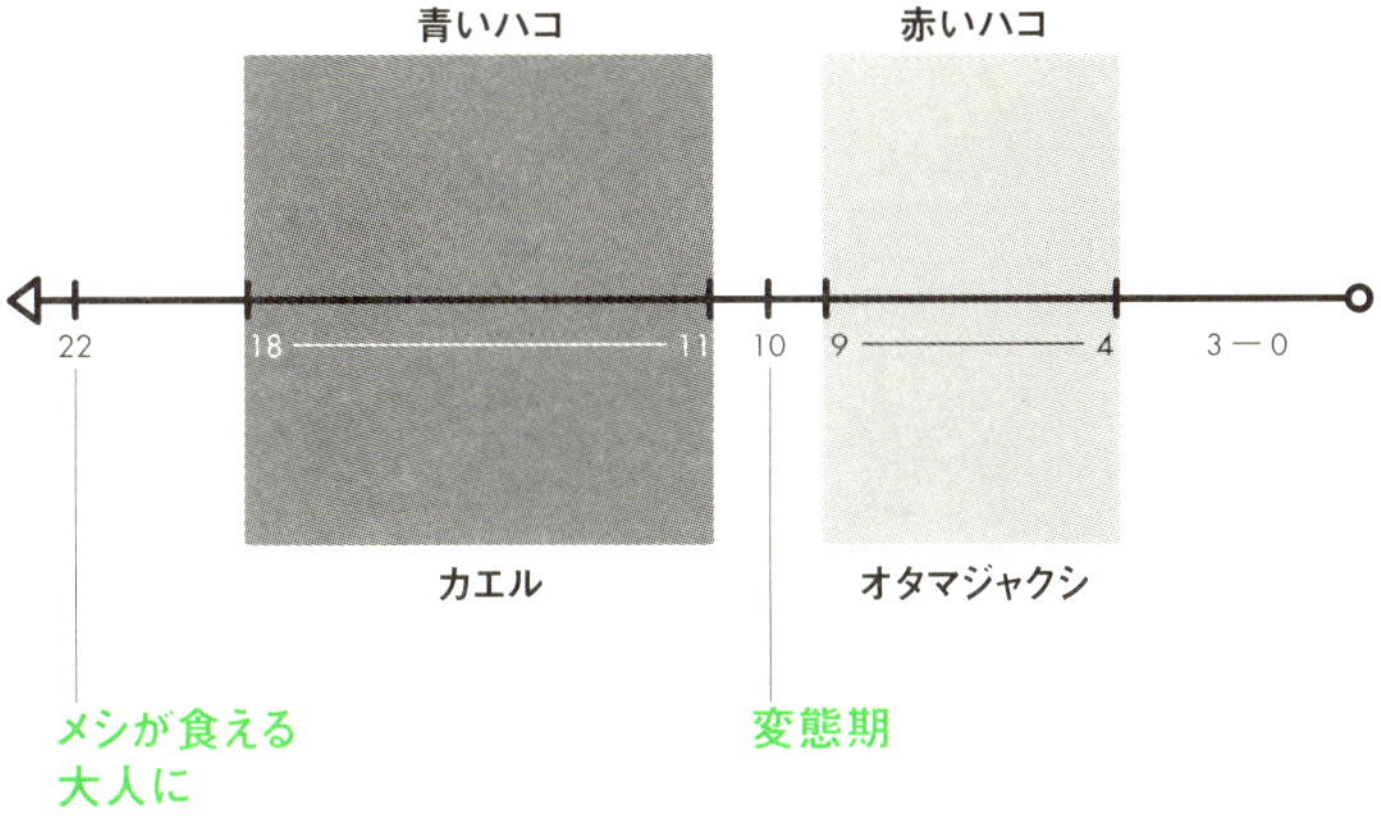

幼児期の子どもたちは、常にちょこまかと動き回るオタマジャクシのようなものです。

それにもかかわらず、多くのお母さんは、わが子を「落ち着きがない」とか、「やかましい」「何度言ってもわからない」などと感じて、イライラしてしまっているのが現状です。

幼児期の特徴と基本的態度を知ることが大切

大人の言うことがすぐ身につくのであれば、どれだけラクかと思います。ですが、ついさっきだめだと言われたことであっても何度もやってしまう、というのが幼児期の本質です。

わかりやすい例をあげましょう。

花まる学習会では幼稚園の教室をお借りして授業をしているところがあるのですが、このエピソードはそのうちのある幼稚園で私が普段教えている授業前の風景です。

小学2年生のY君が、幼稚園の門から教室にいる私のほうへ全力で走ってきます。顔はくしゃくしゃのニコニコ。そして、教室前の廊下にいた私のもとまでたどりついて息を切らしての第一声が、

「あれ、カバンがない」

でした。早く来たくて手ぶらで来てしまったのです。すぐに引き返すと、幼稚園の入り口ではお母さんが仁王立ち。夕日を浴びたその表情は、遠目にも明らかにキレています。

カバンを渡すが早いか、彼の頭をペシコーンとはたきました。とたんに気落ちし、肩を落として歩きはじめるY君。しかし、10歩も歩くともう気を取り直したのか、またニッコニコで走り出していました。

これぞ、オタマジャクシの本質です。

落ち着きがないし、振り返りができない、反省しない、そして切り替えが早い。そのことを痛感して受け入れない限り、大人はいつまでたってもイライラしてしまいます。

幼児期の子どもの言動に対して大人の考えを当てはめようとするから、

「何回言ったらわかるの！」

とキレてしまうお母さんがあとを絶たないわけです。

幼児期の彼らは、決して劣っているわけではありません。

むしろ、「つのつくうちは神の子」（「つのつく」とは1つから9つまでのこと）という言葉があります。「ひとつ」「ふたつ」というふうに、年齢に「つ」がつくうち、つまり「ここのつ」までは別の生き物であり、神さまが育ててくれるのだから、大人があまり介入するなという意味です。


この時期の子どもたちは、何かちょっといやなことがあっても、尾を引かずにケロッと泣きやんで、すぐに次へと進んでいけます。

だからこそ、幼児期にはたくさんのもめごとを通じて、それらを乗り越えて、いろんな経験の土台を築いておいてほしいのです。

ですから、ちょっとでもイライラしそうになったら、

「ああ、この子は今、赤いハコにいるんだ、オタマジャクシの時期なんだな」

ということを、子育てに慣れていないお母さんたちには、とくに意識しておいてほしいなと思います。

思春期に「この頃難しくなってきた」と考えるのは親が悪い

幼少期を過ぎて小学校の4年生から5年生にさしかかり、思春期の頃になると、「何だか最近、わが子への接し方が難しくなってきたな」「これまでと違って、自分の思うように言うことをきいてくれないな」などと感じるお母さんは少なくないと思います。

ですが、そう思うのは、実は親のほうが変われていないから、という理由がほとんどなのです。

思春期は、21ページの図でいう「青いハコ」です。

この頃の子どもは、オタマジャクシからカエルへと変化していきます。

体は変態し、脳も変わる（大きな特徴としては、時間軸をさかのぼって考えることができるようになる）、気の合う友だちや笑いのポイントまでも変化していく、つまり生き物として大きく変わっていく時期です。

この健全な変化に対して、違和感を抱くのではなく、

「あ、青いハコに入りはじめたんだな」

とこちらも対応を変えていく必要があります。


では、具体的にどんな対応をしていけばいいのでしょうか。

「青いハコ」にいる子どもは、「大人の本音」を知りたがっています。

いわば、「ミニ大人」とでもいうべきでしょうか。

たとえば、「どんなことが儲かるのか」「誰が一番強いのか」など、大人と同じ目線での「本音トーク」がしたいわけです。


そういう大人との具体的なやりとりを通じて、進路はどうすべきか、自分はどう生きていくのかなどと、哲学をはじめるのです。

思春期の女の子とお母さんの関係は先輩と後輩

思春期の女の子は、お母さんに対して「本当に幸せ？」「本当にお父さんでよかったの？」などと問いかけたいような、本当のところを知りたい気持ちになるものです。

女の子にとってお母さんは、ロールモデルです。

当然のことながら、自分と重ねて一つひとつの事柄について、意味を考えています。

「やっぱり仕事をしてたほうが幸せだったんじゃないかな」なんていう、当の大人たちの悩みすらもかぎとっているほどです。

そういったなかで、たとえば結婚相手にしても、どんな人とならば幸せな生活が送れるのかを知りたがります。

かつては、いわゆる「3高」のような表面的なブランドで相手を選ぶといったこともありました。ですが、そういう人のなかには、一番大事な「相手への思いやりがあるかどうか」を見抜けずに、不幸になる人もいました。

そういった部分も含めて人生のことを本音トークで、「正直失敗したと思っているけど、やっぱり病気のときはお父さんやさしいじゃない」とか、「家族への思いやりがあって、何かに悩んでいるときには、どうしたの？　って自分から近寄ってきてくれる人がいいのよ。切り捨てる人はだめ」「全然顔じゃないわよ、顔なんてよくってもすぐ飽きるんだから」

なんていうふうに、お母さんがありのまま話してくれることが、女の子にとってはうれしいのです。

母と娘だけのあいだで秘密をつくって共有する

そうなると、母娘だけの秘密ができます。

付き合っている人をお母さんにだけは教える、というようなことができるようになってきます。これはとてもいい関係です。

逆は、親のほうが赤いハコからシフトチェンジできずに、いつまでも娘に対して上から目線の態度で接し、上っ面の言葉しか言わないことでしょう。

悲しいことですが、こんな事例も多く耳にしてきました。

小学5年生の女の子のことです。その子は、台所で手伝いをしなさいと言われて、野菜を切りました。ですが、子どもですからどうしたってうまくできないこともあります。

その瞬間、母から「あんたがいるとかえって邪魔だから、あっち行ってて」という言葉を浴びせられたそうです。その人は現在40歳くらいなのですが、「今でも母だけは許せない。母とはうまくやれない」と言っていました。「弟のほうがあの人はかわいいんですよ」とも。

大人として接してほしい。大人どうしがするような話を、自分にも腹を割って話してほしいのに、完全に子どもとしてしか扱われないものの言い方をされたことが、深く心に残ってしまったのです。

お母さんもイライラしていたのでしょう。

ただ、そのひと言をずっとひきずって、もう老いた母とうまくやれない。このような人を何人も見てきました。

思春期の男の子とは適度な距離をとること

男の子であれば、同性のお父さんだからこそできることが多くあります。

優秀な大人を多く輩出する子育て法で知られているユダヤ人も、息子の子育ては、思春期以降はお父さんにバトンタッチするそうです。

たとえば、キャンプに連れていって一対一で話をしたり、父親の仕事を手伝わせたりと、父親主導に変えていくのです。

反対に、いつまでもお母さんから離れられない男の子は、いじめやからかわれの対象にもなります。

私も覚えがありますが、健全なこの時期の子どもは、お母さんに対して「あっち行ってて!」としか言えないような気持ちになるものなのです。

たとえば私は中学2年生のときに、クラス対抗の合唱コンクールで指揮者を務めたことがありました。当然、晴れ舞台のはずですが、そのとき母親に言ったのは「絶対来ないで！」のひと言でした。

ですが、心からそう思っていたわけではありません。

にもかかわらず、「来ないで！」という言葉しか出てこない微妙な気持ち。

心の底では、母親に見ていてほしかったりもするのです。

お母さんからすると、一見わが子が離れていってしまうように感じることでしょう。ですが、この頃はそうやっておたがいが距離をとらなければならない時期なのです。

とはいえ、世界で一番大事な母親に見ていてほしい、認められたいという根底にある気持ちは、赤いハコの幼児期と何ら変わりません。

柔道の井上康生さんも、シドニーオリンピックで優勝したとき、表彰台で真っ先に母親の遺影をかかげていましたね。

亡くなったとはいえ、ほかの誰でもないお母さんにこそ活躍を見てほしい、男の子の不滅の心でしょう。

子どもは学校に「もまれにいっている」という認識が必要

最悪なのは、お母さんが「私が言わないと、いつまでたってもやらないんですよ」と言って、わが子から離れられないケースです。

難しいのは、お母さんが愛情ゆえによかれと思ってやっていることです。

本書の21ページに時間軸を図にして載せている意味は、「ゴールは22歳以降、つまり社会に出てからちゃんと社会人として成立していればいいんですよ」

ということを伝えたいからです。このことを言うと、たいていのお父さんやお母さんは、「そうですね！」と賛同してくださいます。

では、社会に出て社会人としてやっていくために、青いハコの時期に必要なことはなんでしょうか。

それは、もまれて痛い目にあい、それでもなにくそと乗り越えるような経験のはずです。この時期に生の人間関係を山ほど経験しておかないまま社会に出たら、どうなるかは目に見えているでしょう。

けれども、頭ではそのとおりだとわかっているのに、トラブル回避をさせてしまう親が多いのです。

だから、子どもはちっとももまれていない。

そうしてそのまま社会に出て、「上司に怒られた」「同僚と合わない」などといったほんの小さなことで心が折れ、ドロップアウトし、ひきこもりになってしまう大人が量産されている現実があるのです。

このことを直視してほしいと思います。

よかれと思ってわが子をトラブル回避させるのは、一見愛情あふれる行為のようですが、その将来を考えれば危ない方向へのかじ取りです。

ある日わが子が、

「仲のいい友だちに、遊ばないって言われた」

などとしょんぼり帰ってきたら、お母さんとしては相当に落ち込むでしょう。

女性は、共感する生き物だからです。ましてやかわいいわが子のこと。

ですが、そこで多少のケンカは、

「もまれにいっているんだ」

「ここで親が出ていくのは恥ずかしいことだ」

と、ぐっとこらえて見守ることが必要です。

「親がケンカに乗り込み、子は友を失う」という格言があるくらいです。

お母さんはひたすら笑顔で子どもを受け入れる

そうはいっても、オタマジャクシからカエルになりつつある彼らにとって、心のよりどころとなるのはやはり、家です。お母さんの笑顔や、おいしいごはんがある、逃げ帰る場所があるからこそ、外でがんばれるのです。

ある少年は、小学6年生の頃にいじめられていて、ひどいときは土に埋められたりしたこともあったそうです。そんなことをされたら、服はどろだらけになります。それでも、絶対にお母さんには言いたくない。

その子のお母さんも、わが子の姿を見れば、ただならぬ事態があったことは察しがつくはずです。

けれども、このお母さんは何も聞かなかったそうです。代わりに、

「お母さんは、あなたの味方だからね」

とだけ言ったのでした。

大事なのは、この子のお母さんが、いじめた側を糾弾したり、事件にしなかったことです。代わりにしたことといえば、「私にとって、あなたは必要なのよ」というメッセージを渡したことでしょう。

親が言葉にして問題を解決することは、早道のように思えるのですが、子どもの側はそれを求めていないのです。

ちなみに、「子どもが悩んでいるときには、話を聞いてあげましょう」などといったアドバイスが雑誌などで見られます。ですが、実際この時期の健康な子どもであれば、そんなにペラペラと自分の話をすることはありません。

思春期の子どもに対しては聞き出したい気持ちをおさえる

幼児期、赤いハコの時代は、カウンセリングマインド（受容・理解・共感）で聞いてあげればいいでしょう。世界で一番大事なお母さんが聞いてくれるというだけで、この時期の子どもは満足します。

けれども、思春期以降、青いハコに入ったら、余計な詮索はやめてほしいというのが彼らの本音です。

ですからお母さんとしては、

「帰ってきて、私の顔を見ればあの子はホッとするんだ」

というくらいの信念を持って、聞き出したい気持ちをおさえて「おかえり」と迎え入れてほしいと思います。

孤独な子育てを担わされる母親の現実とは

子育てがうまくいかず、トラブルになってしまうケースとして多いのが、夫婦ともにまじめなタイプの家庭です。夫だけでなく妻も4年制大学を出て、小さな頃からがんばってきた人ほど危ないことが多いのです。

その背景にあるのが、時代的な状況です。

昭和20年代くらいまでは、地域のつながりが色濃く残っていました。子育てをする新米母さんを、周りの先輩母さんが支えていたのです。

「そろそろ離乳食からごはんに変えたほうがいいわよ」とか、「そういう寝かせ方じゃだめよ」などと、新米でも孤独にならずに子育てができる、風通しのよい環境があったわけです。

しかし、核家族化が進むにつれ、誰の手助けもなく、1人きりで子育てをする母親が現れました。しかも、現代の母特有の生真面目さゆえに、地域の支え合いシステムに頼ることを知らず、むしろ干渉はやめてほしいと考える傾向にあります。自由な、のびのびやりたい放題の核家族子育ては、その反面で誰の支えもない子育てを生みました。

今の30～40代は、その孤独な子育てで育った世代だといえます。

つまり、孤独な母親像が「当たり前」になってしまっているのです。

夫も妻も悪くないからこそ、おかれた状況を知ることが大切

何よりも、「時代的なものだ」と痛感することが必要なのです。

孤独な子育てでは、以前ならもらえていた周りの先輩母さんからのアドバイスがなくなり、雑誌やテレビが提示するようなマニュアルがよりどころになってしまっています。

そうなると、「正しい子育てがあるはずだ」「正しいやり方（マニュアル）から

外れたらいけない」と、心配でしかたがなくなります。

くわえて、「よい母でいなければ」という意識の裏返しから、簡単に人には頼れずに、ますます孤独になっていきます。


こうして追い込まれた母親は、必ずといっていいほど心の病気になります。

たとえば、家族がリビングでくつろいでいるだけでイラっとしたり、「私ばっかりなんでこんなに苦労しなきゃいけないの」という気持ちで、いつも過ごさなければならなくなります。

そうして、子どもがちょっと熱を出したくらいで救急車を呼んだり、わが子が外で起こしたちょっとしたトラブルでもすぐに出ていって介入してしまいます。


このイライラの犠牲者が、はじめての子育ての対象である長子です。

自分とは違う世界観で生きているオタマジャクシのわが子に、大人の基準で接してしまい、「何回言ったらわかるの！」などと自信をなくさせたり、もめごと回避をさせてしまったりします。

母親である自分自身が時代的な背景のもとで追い込まれ、長子をつぶす原因になってしまっていることに気づけないのです。

故・松田道雄さんの『育児の百科』（岩波書店）にも、「以前の大家族の時代には、古い世代がそばにいてくれた。いまは若い母親がひとりでせおわねばならぬ。父親が手伝わなかったら母親はせおいきれない。子殺しをした母親のおおくが、育児に協力しない夫をもっていた」とあります。

その結果、働けない大人の量産につながっています。

けれども母は一生懸命ですし、夫も悪くはないのです。

時代がそうさせている、ということを痛感しなければなりません。

お母さんを安心させるにはお父さんの支えが必要

では、どうやって孤独な子育てを続ける母親を支えればいいのでしょうか。

よく「夫は黙って背中を見せていればいい」といった言い方がありますが、これは完全に時代遅れです。

これは地域のつながりがあった時代の話です。今は夫が支えようとしないと、妻は壊れる寸前になってしまいます。

表向きはニコニコしていて、一見幸せそうに見えても、家の中では常にイライラしているのです。「まじめ母さん」ほど「ちゃんとしなきゃ！」と思ってしまうのですが、こみあがってくるイライラはおさえきれない。

私は年間150回ほど母親向けの講演会をやっているからこそ実感するのですが、講演会に参加したり雑誌や本を読んで、「そうだわ、怒っちゃいけないんだわ」と納得したにもかかわらず、3日後には我慢しきれずまた怒鳴ってしまうお母さんが本当に多いのです。

一番の原因は、支え手がいない、話し相手がいない、心の内をさらけ出せる相手がいないこと。女性は自分の言葉を受け止めてもらうだけで、ホッとします。ですから逆に、自分の話を誰も聞いてくれないとつらいのです。

くわえて、家事は父親の会社での仕事と違って、もともと「やって当たり前」というとらえ方をされていることがほとんどです。

「掃除をして、食事をつくって、洗濯をして当たり前」なのです。

人間は認められたい生き物ですから、誰からも何の評価もないというのは、心が不安定になるには十分な理由です。

お父さんはお母さんにねぎらいの言葉をかける

仕事であれば、ことごとに「おつかれさま」と声をかけ合ったりしますね。お母さんも同じです。言葉がけが必要なのです。

たったひと言、「いつも大変なのにありがとう」のねぎらいがあるだけで、どれだけ支えられるかということです。

それがないから、どこにも心のよりどころがなくなってしまい、イライラの矛先がわが子（とりわけ長子）に対して向けられてしまうのです。

お母さんへねぎらいのひと言を、というのは、『13歳のキミへ』（実務教育出版）でも少年少女たちに向けて書いたことがあります。

昨年の3月、小学6年生の花まる学習会会員を対象とした、卒業記念講演（『13歳のキミへ』は、卒業記念講演の内容を本にまとめたものです）を終えたときに、アンケートの中にこんなものがありました。

「ぼくは母子家庭で、最近母親がイライラしていて困ったなと思っていました。けれども、今日の講演を聞いて母の支え方がわかりました」

この子はもう大人としての話を、しっかりと自分のこととして考えることができているんですね。

「父親学級」という、お父さんだけを対象にした講演会でも、同じことを言っています。ねぎらいのひと言って、男性には苦手分野ともいえるものですが、それを自覚したうえであえてお母さんをいたわってあげてくださいと言っています。

日本人ってもともと、想いを言葉にすることが苦手な民族でもありますね。イタリア人みたいに、「今朝も君は美しいね」なんて言えませんね。むしろ食事はもくもくと食べ、「通じ合っているよね」なんて一方的に心の中で思いながら、すれちがってしまうようなところがあるから、難しいのです。

母業の支え手がないのが、今の時代的状況なのだと痛感したうえで、妻と夫双方が意識的に動いていくことが大事です。

講演会でも伝えていますが、お母さんたちには「ママ友をつくってください！」とすすめています。外に向けて風穴をあけていくように、どんどんおしゃべりをしてストレス発散するように意識してほしいのです。

自分からあえて、学校のクラス役員になれるお母さんは、「バランスがとれているなあ」「眉間のしわが少ないなあ」という印象があります。

ボランティアなどもいいと思います。

お母さんとお父さんの向き合い方

これまでいろいろと書いてきましたが、妻は夫に対して、夫は妻に対して、それぞれうまくいかないなと思っている夫婦が多いのが現実です。

なぜでしょう。

それはたがいを、たがいの人生観で見切っているからです。

女性は自分の言葉を、相手に関心を持って受け止め続けてほしいなと思う生き物です。

「スーパーで○○が安かったのよ」「○○さん、入院しちゃったんだって」

今日あったことを、いちから全部聞いてほしいのです。

一方の男性はというと、意味のあることや生死にかかわることについては問題点としてあげたいし、解決策を出したい。でも、それ以外のことはくだらないと思ってしまう。ですから正直なところ、夫にとって、妻の1日の出来事を延々と聞くのはつらいのです。

あえていうと、「生きててこんなに無駄な時間はない」と思うくらいです。となると、夫のすげない態度に妻も、「ちっとも集中して聞いてないじゃない」と不快になってしまいます。

たがいの人生観で見切らないで異性を学ぶことが大切

これが、男女の生き物としての決定的な違いです。2人ともわが子や家庭のことに一生懸命で真剣に考えているのに、すれちがってしまうのです。

学業不振、ひきこもり、家庭内暴力などの、家族をめぐるさまざまな問題の原因は、ひと言でいってしまえば、「家族機能の崩壊」です。

どの家庭もがんばろうとしているのですが、前述した時代的な背景が崩壊のおもな理由であることに気づいていないのです。

男女のすれちがいを放っておくと、すべての危機につながっていくのです。お母さんには、ぜひ「男って、こういう生き物なんだな」と異性を学んでほしいと思います。

ついつい愚痴っぽく「うちの夫、全然人の話を聞く気がないんです」という相談をよく受けますが、そもそもが別の生き物なんだから、しかたがありません。学ぶというのは、共感することとは違います。

ひと言でいうと、「わかろうとするからいけない」のです。

前述したように、女性は共感するのが得意な生き物ですからついつい、「こういうとき、相手はどういう気持ちなんだろう」ということを想像しようとしてしまうものです。

ですが、実は男性のほうはちっともわかってほしいなどとは思っていません。「おれは、おれ」なのです。

夫は犬だと思えば家庭内はすべてうまくいく

お母さん向けの講演会では、「夫は犬だと思ってください」と言っています。

犬の散歩に行こうとして、こちらがリードを持とうとした瞬間、しっぽを振って目を輝かせて駆け寄ってくる。それを見ると、「ああ、散歩が好きなんだな」と「えさをあげると喜ぶんだな」とも思うでしょう。

ですが、「しっぽを振るって、どんな感じなんだろう」とは考えませんよね。

完全に、見た様子から判断して、犬の気持ちを想像しているわけです。

また、「今日はねむいから散歩に行きたくない」とこちらが思っても、それを犬に訴えたりはしませんよね。100％、寄り添えているわけです。

これと同じです。夫に対しても、もう生き物として別なのだから、「共感しなきゃ」「わからなきゃ」

ではなく、想像力で付き合っていくしかないのです。ですから、

「犬だと思ったら、すべてＯＫだと思えるじゃないですか」

と言っています。

「私の話に共感してくれない」などとイライラしていると、結局自分が不幸せになってしまいます。

せっかく縁あって恋愛時代をともにし、子どもまでもうけたわけですから、おたがいを理解して付き合っていけたらいいですね。

悪気はどちらにもありません。おたがいの違いを、想像力で埋め合わせて歩み寄れたらいいなと思います。

Column 1

幼児期と思春期の子どもは違う生き物

お母さん向けの講演会でもよくお話ししていることですが、私は、4歳から9歳までの幼児期を「オタマジャクシ」、11歳から18歳までの時期を「カエル」の時代と呼んでいます。

これは、21ページに記載した「赤いハコ」と「青いハコ」にそれぞれ対応するものです。

なぜこのようなたとえを使っているかをひと言でいうと、「子育てがラクになる」からです。

オタマジャクシは、エラ呼吸。住んでいるのは水の中です。カエルとはまったく違う別の生き物なわけです。このオタマジャクシに、「陸に上がって、ぴょんぴょんとびはねてごらん！」と言っても、無理な話でしょう。

人間の子どもも同じです。オタマジャクシの時期の特性としては、

・やかましい
・反省しない
・恨みを持たない
・落ち着きがない
・直観力にすぐれている
・なんでも好きになる
・大小にこだわる

などなど、成人とはまったく異なるものです。

これをわかっていないと、お母さんやお父さんからは、
「何度言ったらわかるの！　先週も言ったよね。もういやだよ」
「なんでそんなことで泣くの！」
などというひと言が出てくるわけです。

大人の感覚で見切ってしまうと、そこからはもうNGワードが止まりません。

とりわけその犠牲になりやすいのが長子です。次男次女は、それを見て「ああい

うことするの、やめよう」と要領よく育つという構図です。

わが子がかわいくてしかたがない、その愛情ゆえのＮＧワードなのですが、自分が子どもの頃はどうだったかということを、少し思い出してみてください。

「それでもついつい、言ってしまうんです」

ということもありますが、やはりその背景には子育ての支え手がないということがあげられます。

「あなただって小さい頃はああだったわよ」

というひと言を、近所のおばさんが言ってくれるだけでも、わが子へ向かう気持ちにワンクッションがおかれるはずです。

ぜひ、積極的に外に出るということも意識してみてください。

第2章

わが子をどのように育てたいのか

勉強ができてメシが食える大人に必要な能力・意欲・感性

3つの目標はどれが欠けても不幸になる

子育てをしていくうえでは、３つの目標を持っていただきたいと思います。
その３つとは、「能力」「意欲」「感性」です。

能力と意欲と感性とはどういうことか

まずは、「能力」について。一般的に勉強ができる、できないといったことが、能力の評価軸になりがちです。

ですが、社会に出てから活躍するにあたっては、勉強ができる能力だけではだめなのだということは、意外と意識されていないように思います。

次に「意欲」は、ひと言で言い換えれば、人生に対する積極性です。自分の決めたことで、日々の生活を充実させる。何に対しても、「合うわない」とすぐに言ってしまうような人は、この正反対にいるといえます。そういう発言をしてしまう人は、社会で必要とされないでしょう。

最後に「感性」について。大人になって困っていることの多くは「人間関係」なのではないでしょうか。

たとえば、「こういう言い方をしたら相手はどう思うか」など、相手の反応によって言い方を微妙に変えていく。そういうアンテナを持っているかどうかで、幸せに生きられるかどうかが決まってきます。

「儲けて何が悪い」と言った人がいましたが、まさにこれも感性です。そしてそれは、大もとをたどれば、幼児期に何を美しいと感じて育ってきたかというところからはじまっているのです。

次からそれぞれ、くわしくみていきましょう。

子どもに育ませたい能力とはどのようなものか

よく「子育て」といいますが、まずは子どもの何を育てたいのかを考えてみましょう。大まかには、「聞く力」「特技」「知力」「体力」の4つです。

聞く力がもっとも大切

講演会などでよく聞かれることがあります。

それは、「小学校に上がる前に、これだけはできるようにしておいたほうがいいことはなんですか？」ということです。

それに対して私は、「聞く力」と答えています。

ただし、単純に人の話を聞くことではありません。

「この人はこういうことを言いたいんだな」

ということを考えながら聞く、つまり「心の目で聴く力」です。

これが身につけば、小学校から中学校までの勉強はおおむね問題なくいけるでしょう。

特技を持っていると自信につながる

次に、小学校に上がってから卒業までの課題はというと、

「なんでもいいので得意技を持つことです」

とお伝えしています。

たとえば、雪はもともと、ちりが芯になってできあがるものです。

人間も、この「芯」がないと、積み上がらないし形になっていきません。

いわば、生きていく自信みたいなものだといえるでしょう。

その大もとにあるのが、得意技です。勉強ができるのでも、絵が上手なのでも、何かひとつスポーツが得意というのでもいいでしょう。音楽もおすすめです。

スポーツや音楽って、動物的な自信に近いなと思います。個人的なことですが、昔から、勉強ができるということには、あまり価値を見出せませんでした。ちっともかっこいい感じがしなかったのです。それよりも、断然足の速い子のほうがもてていましたし。

私は子どもの頃、「天才」みたいなあだ名をつけられていました。ですが、スポーツが得意で人気だった男の子とは、見られている視線というのでしょうか、全然違いました。軽蔑とは違うのですが、少なくとも「重要視されてないな」といった感じです。スポーツが苦手なわけでは決してありませんでしたが、「自分は勉強ができるからいいや」という気持ちには、ならなかったのです。

今も教育現場で見ていて、得意技のあるなしは大きいなと感じます。

たとえば小学6年生のS君は、何かにつけて自信がなかったといいます。そのため、ご両親はなんでもいいからひとつ、「これなら負けない」というものを持ってほしいなと思っていたそうです。

そこでS君が見つけたのが、ハーモニカでした。才能を一気に開花させたS君は、私が理事を務めているNPO法人子育て応援隊むぎぐみが主催している「SHP（シャイニング・ハーツ・パーティー）」で晴れ舞台に立ち、すばらしい演奏をしました。その後は全国大会でも優勝し、今ではS君のハーモニカを聴きたいがためだけに、SHPを毎年訪れる人がいるほどです。

たったひとつの何かと出会うことで、ここまで変わることができたのです。

知力は五感をとおして身につける

小学生の頃に身につけておく知力は、大きく「見える力」と「詰める力」の2つに分けて考えると、わかりやすくなります。

①見える力

見える力とは、「図形センス」「空間認識力」「試行錯誤力」「発見力」のことで、何かを発見したり発想したり、図形で補助線をぱっと浮かべたり、立体で見たい部分だけ頭の中で想像できたりする力です。

それぞれ説明していきましょう。

・図形センス

図形センスは、たとえばやたらめったら、必要なものが浮かび上がって見えてくるような力です。ドリルやペーパーではなかなか伸ばせない、素頭のよさを見ることができます。

・空間認識力

空間認識力は、頭の中で立体を自由自在に回転させたりできる力のことです。世界中の知能テスト的なものに、なぜ立体ものや図形ものが出るのか。それは、その人の「見える力」を一番はかりやすいからです。

・試行錯誤力

行き詰まりそうなときに、まずは図や表にして考えてみようと試せる力が試行錯誤力です。

・発見力

書かれた問題のいいたいことや意図を発見できるのが発見力です。

このように見える力は、立体や図形で考えるとわかりやすくなります。

ですが、それだけではありません。より深めれば、国語の問題も、文脈を読む力だとか、本文には文字として書かれていないけれど読み取るべきテーマを見抜く力なんかも、高度な見える力だといえます。


では、どうすれば見える力を鍛えられるのかというと、基本的には幼児期の「体験」しかありません。五感すべてを使って遊びつくすこと、とくに外遊びで伸びるものです。

たとえば、かくれんぼうをしているときの子どもは、ものすごい集中力で「友だちはあの木の裏に隠れているんじゃないか」といったことをイメージしています。

木登りでは、ひとつ手を掛け違えたら落ちるかもしれないといったスリルのなかで、上を見ながら進んでいきます。


もちろん、見える力は家の中でも鍛えることができます。

たとえば、包丁を使ってサトイモの皮をむいたりといった、学校ではなかなかできないことにも、挑戦させてあげたいものです。

なお、見える力を伸ばす方法については、拙著『小3までに育てたい算数脳』（健康ジャーナル社）にくわしく書いてあります。

②詰める力

先述した「見える力」は、ただそれだけあっても完成しません。

むしろ「詰める力」のほうが、重要なものだといえます。

詰める力とは、「論理力」「要約力」「精読力」「意志力」のことです。

ものすごいアイデアを持っていても、それを形にする、実現するための行動力や実際に完成まで持っていく力がないと、意味がありませんよね。

このときに必要なのが、詰める力です。

人によって、能力差というのはあるものです。育ってきた環境も違います。育ちきってしまったものはもう伸びることはありません。

小学4～5年生の時点で方向音痴だったら一生そのまま、というのに似ています。見える力には、そういう側面があります。
その一方で、努力次第でどうにでも伸ばすことができるのが詰める力です。詰める力は、次の４つに大きく分けられます。

・論理力
筋道立てて考えていく力のことです。

・要約力
相手の言いたいことを、ぎゅっとひと言に煎じ詰められる力のことです。

・精読力
文章を一字一句読み落とさない集中力のことです。

・意志力
多少つらくても、最後までやりとげる力のことです。

４つの詰める力のなかでも、とくに意志力が重要です。現場で受験生を教えることが多くありますが、難関校の試験前などの抜き差しならない局面では、本当の実力差が見えます。

そこで最後に勝敗を決めるのは、意志力です。

あきらめずにやりとげるんだ、絶対に自分の力で解くんだという気持ち、そしてぐっと耐え抜く力を持っている子どもが伸びていきます。

よく試験前などに、「日曜はどうせやる気がでないから、明日からがんばろう」といったようなことを考えている子どもがいますが、私に言わせると、そういう心がけはアウトです。休むほうに気持ちがいってしまっていて、やりとげることに集中していないからです。

長年の教育現場での経験から、詰める力こそが、教育の主たる仕事ではないかと思っているほどです。伸ばしていけるし、重要な力なのです。

詰める力がどのくらいかを見るために、小中学生時代で一番わかりやすいのは漢字でしょう。決められた量をきっちりやれるかどうかが表れるからです。

花まる学習会では、職員の入社試験で必ず漢字の試験を受けてもらっています。

漢字が書けないのは、そういった地道な、コツコツ行う作業を回避してきてしまったんだなとわかるからです。

学力を上げるためには何より体力が必要

当たり前ですが、頭だけ優秀でも健康な体がなければしかたありません。

逆にいえば、体力があると、選り好みさえしなければ仕事はあります。

仕事でも出産でも、もっとも厳しい局面での戦いは、体力戦でもあります。

たとえば研究者。同じテーマをかかげてどちらも必死にやっているなかで、最後の分かれ目は、どちらがよりがんばれるかでしょう。

研究に限らず、どの仕事にも勝負時みたいなものがあります。

日夜成果を出そうとしているなかで、1日や2日くらい徹夜することも少なくありません。出産だって、子育てだって同じです。

一番はまず体力。そこが安定しないと、頭のよさの訓練すらできません。

毎年、高校受験に向かう中学生を見ていて思うことがあります。

それは、中3の夏まで部活をやりきった子は、結果を出しているなということです。「勉強さえがんばっていればいい」と、机にしがみついてきた子をあっという間に追い抜いてしまうのです。

部活をやりきった子は、長時間にわたって必要な学習に耐えるだけの体力、そして集中力を高く維持できているからだと思います。

そして、それは小学生も同じ。体はできるだけ鍛えておきましょう。

子どもに意欲を持たせるにはどうすればいいのか

「やる気が大事ですよ」と言われると、どんな親でも、社会人であっても同意するでしょう。

けれども、子どものやる気を伸ばすことほど、難しいことはありません。

孤立し、追い込まれ、心の病気になった母親ほど、最初の子ども、つまり長子に対して、いろいろな加減がわからないことが多いのです。

よくあるのが成人女子を相手にする感覚で、

「言ったよね、ちゃんとやりなさいって」

「○○ちゃんはもう漢字の練習をしたのね」

などとガミガミ言ってしまうことです。

結果、やる気を伸ばすことが大事だとわかっているのに、反対にやる気をなくさせてしまう。冒頭でお話しした幼児の特性を理解していれば、同じことをガミガミと何度も言うのは間違いなくNGだとわかりますね。

かつてのように支え合いのある地域システムがあった時代には、お母さんどうしで「そういう言い方するとやる気なくすわよ」なんていうアドバイスが当たり前にありました。むしろ昔は、長子であることに誇りすら持たせていたのです。

今はというと、その逆です。

二番目である次男次女が、長子が怒られるのを見て、

「ああ、ああいうことしたらいけないんだな」

などと学び、すくすく育ちます。

子どものやる気を生み出すのは成功体験が一番

こうした社会的背景があるから、やる気を伸ばすのが難しくなっているので

す。では、意欲を伸ばすものはなんなのでしょうか。

ひと言でいえば、それは「成功体験」です。

先述のように二番目の子が伸びやすい理由もここにあります。

お兄ちゃんお姉ちゃんが怒られるのを見て学び、たまにドリルなんかで小さな発見をして口にしてみると、お母さんが「あら！」と顔を輝かせます。

子どもはこのうれしさを知ると、なんでもやろうとします。

「できるのね、あなた！」という目で見られた子ほど伸びる、ピグマリオン効果（教師などの期待によって、学習者の成績が伸びること）です。


小学生の頃の学力差は、こうした意欲のあるなしで開くのではないかなと思います。

ただし、成功体験は必ずしも何度も必要なわけではありません。

たった1回の「あら！」「うわあ、がんばってるわね！」でいいのです。

子どもにとっては、ちょっとした承認で十分なのです。

また、親だけではなく、先生や身近な大人からの承認もとても有効です。

たとえば、テニスの錦織圭選手のコーチが、練習中に錦織選手の一打一打に対して必ず「よしよし」「おお、いいね」などのほめの言葉を入れていたというエピソードを聞いて、なるほどなあと思いました。

もちろん、プロのテニスは厳しい世界ですから怒鳴りつけたりすることもあるでしょう。ですが、こんなふうに細かくて、ちょっとした承認のひと言でも、十分に意味があるのです。

小さな承認でも子どもは大きく変わる

ちなみに、少し特別な例ですが、劇的な成功体験というものもあります。

たとえば、私は小学校の先生のひと言のおかげで伸びることができました。

私が小学生の頃、算数の授業で少し歯ごたえのある問題が出されたときのことです。私は子どもの頃から難しめの問題を解くのが好きだったのですが、そのときまではとりわけ目立っていたわけではありませんでした。

そうしたなか、あるとき「こうやって解けばいいんだ」という自分なりの考えを持って先生に出したのです。

すると、クラス全体に向かって「こういう方法で解いていたのは、学校で高濱君だけだったよ」と先生が発表したのです。

この瞬間の高揚感といったら、たとえようがありませんでした。自分なりの考えでやったことに対して、思っていたとおりの承認をもらったのです。

もう、舞い上がってしまうくらいの成功体験でした。

それからです。算数だけでなく、何に対しても「よーし！　おれはやるぞ！」と自信を持てるようになったのは。

花まる学習会の授業でも、子どもたちに承認を与え続けています。

花まる学習会では、授業を進行していく司会役以外にも、テーブルのまとまり単位で、1人ずつ講師がつきます。そして講師たちが、子どもたちに対して小さな承認のミニストロークを出し続けるわけです。

どんなことかというと、たとえば姿勢のいい子に対しては姿勢賞を、立派に字を書けている子にはきれい賞など、その都度、表彰を行っています。どの子にも、まんべんなく賞賛が与えられるような形態にしているのですが、それは成功体験を積ませたいという想いからなのです。

親や先生にくわえて、子どもどうしでの承認も効果てきめんです。たとえば、花まる学習会のサマースクールは親抜きの環境で完全なる子ども社会ですから、その世界で認められるというのは、本当に大きな自信となり、自己肯定感を生みます。

ちなみに、子どもどうしの承認が起こるのは、なにも野外体験だけではありません。普段の花まる学習会の授業でも、よく見られる光景です。

たとえば、自宅学習でなかなかやる気の出なかった小学1年生の女の子が、ある日を境に、急に張り切り屋さんに変わったということがありました。

なぜだろうと思い理由を探ってみると、実は花まる学習会の授業で、小学3年生のお姉さん的存在の子に、「わあ！　○○ちゃん、字が上手なんだね」と言われたからだそうです。

このようにたったひと言で、子どもは大きく変わるのです。

愛されること、かわいがられることが大切

親に愛されたな、かわいがられたなと思って育った子どもは、家族に貢献したいと思う人に育つものです。同じように、家族の外側にいる大人にかわいがられて育った子どもは、やがて社会に貢献したいなと思うはずです。

花まる学習会では毎年、長野県青木村でサマーキャンプを開催しています。

そのサマーキャンプの期間中、村の有志による「ええっこ村」という団体の日帰り農村体験に、子どもたちを送りだしたことがありました。

農村体験で1日を過ごしてキャンプ場に帰ってきた子どもたちが、

「あの農家でよかったあ」

「次行くとしても、絶対また○○さんの家がいい！」

と口々に言うのです。

なぜかというと、その農家のおじいさんやおばあさんが、まごころを尽くしたかわいがり方をしてくれ、無償の愛情を注いでくれたからです。

そのときのサマーキャンプには、やんちゃ坊主が集まっていたのですが、1日体験を終えてキャンプ場に帰ってきてからは、「片づけ、ぼくがやりますよ！」だとか「それ持ちますよ」、さらに帰るときには「先生、今日までありがとうございました」などと、どの子も劇的な変化を遂げたのでした。

トラやライオンを農村体験に送りだしたら、ウサギになって帰ってきたようなものです。

このように子どもたちは、たっくさんかわいがられることで、役に立ちたい、貢献したいという人間に変わるのです。

かわいがられた経験は、根本の部分でとても重要なのです。

ですから周りの大人たちは、とにかく子どもをかわいがるべきだなと思います。

感性を育んで人と生きるためのコミュニケーション力を鍛える

この年になって、成功したかどうかという側面でなく、むしろ幸せに生きているかどうかという目で人を見ると、つくづく思うことがあります。

それは、人生を仕分けるものは「感性」なのだなということです。お金もある程度は必要でしょうが、たとえ儲けていても不幸な人はたくさんいます。

人のことを思いやる感性がないと幸せにはなれない

では、どうすれば幸せを感じられる大人になれるのか。

それにはたとえば、目の前の人を幸せにしたいと思えるか、ごみが落ちていたらいやだなと思えるか、環境の問題も「自分がなんとかしたい」と思えるかどうか、そういったことがとても大切になってくるのです。

どうせ誰かがやるだろうと思っていないか、そういうところで違いが出る。その違いは「どう感じるか」、つまり「何を美しいと感じるか」なのです。

人間関係も感性で決まります。

相手がどう感じているかにアンテナを張れる力は、人に好かれる力と同義なのだなと思います。

「こう言われたら相手はこう思うだろう」などと意識しながら微妙な言い回しを駆使して話をできるか、「これはちょっといやな言い方だったかな」と相手の表情を読み取りながら修正をかけていけるかなのです。

自分の言いたいことを言っているだけでは、周りの人は気持ちよくありません。私も講演会では、常に聞いている人の表情を見ながら話をしています。

危険に対する感性は自然の中で育む

人間は元来、野生の中で生きていました。

そこでは「小さいアリだからって、たくさんたかられたら死ぬぞ」とか、「この草は食べたら危ないぞ」などと、常に死なないために危険に対するアンテナを張り続けることが、必須だったわけです。

これはあくまでもたとえですが、現代社会でも、そういうアンテナを失ってしまった人は、生きる力が足りないなと思います。

今はインターネットをはじめ、便利なものがいくらでもあります。ユーザビリティという言葉が浸透しているように、使い勝手のいいツールであふれています。

けれども本来の生きる力を育てるならば、便利便利というが本当にそうなのかと一度は躊躇し、何が起こるかわからないのが人生だと、恐れていなければならないはずです。

「便利だよ」という言葉を真に受けて無自覚に進んでいるときは、たいていの場合、危ないなと感じたほうがよかった、ということが多いと思います。

花まる学習会では、子どもたちの感性を磨く活動もしています。なかでもとりわけ重要なものとして、野外体験をずっと続けてきました。たとえば何もない川や、何もないだだっぴろい野原で遊ぶことで、感性は磨かれます。何もないところから、どれだけ遊びを創造できるかが、大事だと信じてやってきました。

野外体験では、天候を読む力も必要です。野原で遊んでいたら急に冷たい風が吹くときがあります。頬に冷たい風を感じて遠くの山を見ると、てっぺんには雲がかかっている。それを見て雨に備える。こういった状況を自然の中ですばやく察知できるようになると、感性が鍛えられているといえるのです。

人を幸せにするのはユーモアセンス

人は、人を幸せにしてこそ、自分も幸せになれます。

そのときに大事なのは、ユーモアセンスだと思います。

花まる学習会では、たとえ職員のあいだでも笑いがなくなったらアウト、笑わせ合うような文化があるからみなハッピーでいられる、と考えています。

理屈だけでは人は動かないし、息苦しくなるものです。


先日、花まる学習会の職員研修で、若い社員に司会を任せたときのことです。

そのときに感じたのが、ユーモアのあるなしでこうも受け取り方が違ってきてしまうのだなということです。話す内容は、何も間違ったことは言っていませんけれど、おもしろくない。正しいことだけではつまらないのです。

それに対して、ちょっとだけ話の中にユーモアを混ぜると、「あなたの話を聞きたい」と思ってもらえるようになります。

社員教育に限らず、「また会いたいな」「もう一度一緒に仕事をしたいな」と思えるのは、笑いのポイントが同じであったり、目の前の人を笑わせようとする人です。

ユーモアを育むには、小さい頃に人を笑わせてそれがウケた、という成功体験が一番です。小学校の2～3年生でクラスの人気者になっている子どもたちは、しっかりその体験がありますね。

この積み重ねが大事なのです。

その大もとにあるのは、家庭のユーモア感覚でしょう。

家族の中でいつも笑う側にいるのではなく、自分からおもしろいことを仕掛けていく側に回る。そして、それが楽しくてやり続けていると、自然と外でも人を笑わせようとする子どもになります。

家庭にこそ、ユーモアの土壌があるのです。

子どもたちは、赤いハコと青いハコを経て、22歳以降、荒波に漕ぎ出していきます。そこにはいろいろな価値観を持った人がいます。

優秀なだけでは嫌われます。そうではなく、目の前の人をついつい笑顔にしてしまう、そんな大人に育ってほしいものです。

Column 2

わかっちゃった体験の威力

幼児から小学生の低学年、高学年、そして中学生へと成長していくなかで、あと伸びしていない子どもたち、つまり伸びる見込みが低そうだなと感じる子どもたちは、必ずといっていいほど「苦手」だとか「きらい」などの意識の壁にぶちあたっています。

簡単にいうと、「言い訳をつくるくせ」がついてしまっているのです。

なぜかというと、親や先生が「やってみせる勉強」で、それまで生きてこられたからです。そういう部分が必ず、思春期という多感な時期に壁となって現れ、そこで頭打ちになってしまうんですね。

勉強というのは、本当は楽しんでやっていなければならないはずです。

少なくとも、苦しみに耐え抜いたあとに発見があったというような経験が必要なはずです。

それができるのはどういう子どもなのかというと、「わかった！」とか、「なるほど！　そういう意味ね！」というように、脳から快感物質が出てくるような感覚を知っている子どもたちです。

考え抜いてひらめくと気持ちいいなとか、自分の力でわかったときっておもしろいなとか、そういうことを「べき論」ではなく体感として知っている子どもは、そのおもしろさを知っているからやめられなくて、自分から進んで考える人間になるのです。

反対に伸び悩んでいる子どもだと、「答えが合っていればいいんでしょ、お母さん？」となります。

主体性の深みのようなものが、最後の最後、あと伸びにつながってくるなと感じます。自分でやらないと気がすまない人を育てるのです。

第3章

幼児期の子どもへの接し方と勉強のさせ方

4〜9歳までは遊びで国語力と算数力の基礎を身につける

幼児期の子どもたちは遊びで伸びる

お母さんやお父さんが「わが子をどう伸ばすか」と考えるときによくあるのが、勉強らしい勉強をさせようとして「とりあえずドリルを与えてやらせてみよう」となりがちなことです。

けれども実は、あと伸びするために一番重要な「やりぬく力」や「集中力」「工夫する力」「柔軟にしくみを変えていく力」といった目に見えない力は、すべて幼児期の遊びの中で伸びていくものなのです。

あらかじめ設定されたものは、どんな難問であっても答えまで用意されています。これでは、子どもたちのやる気はなかなか起こりません。

それに対して、遊びでは「どうすればもっと楽しくなるかな」「どうすれば相手がうれしいかな」「どうすればみんな楽しいかな」といったことに興味が向くので、やる気が湧いてきます。

だから、遊びの中でいろいろなことを考えた子どもほど、やる気があるし、伸びるのです。

遊びとはどんなことなのか

ロジェ・カイヨワという有名な学者の『遊びと人間』（講談社）という本の中で、遊びの要素として、以下のものがあげられています。

①模倣……「ごっこ」のたぐい
②幻覚……ジェットコースター、メリーゴーラウンド、スキーなど
③競技性……「1位」「優勝」がキーワードになる遊びで、運動会やボクシングがそう
④偶然性……「かけごと」や「くじ」「じゃんけん」など、どうなるのか結果がわからないことに喜びがある遊びのこと

これらに、私が遊びの中心的課題として付け加えたいものが4つあります。

⑤共感……1人で遊ぶよりも、みんなでちょっとしたことで笑い合って、「楽しかったね」と言い合えること

⑥肉体的発散……感覚を揺さぶられる（幻覚）以前に、子どもは動かないとおもしろくない

⑦笑い……どんなことにも笑いがあるのが、遊びの中心

⑧音感的おもしろさ……「たかはませんせい」が「たかぱませんせい」になっただけで笑い転げる。大人だと気にしないくらいの音のおもしろさに反応する

ドリルを強制してもやらないから遊びで学ばせる

遊びで伸びるためには、どうすればいいのでしょうか。

花まる学習会には、遊びながら考えられる『なぞぺー』というオリジナル思考力教材があります。

その中からいくつか問題をご紹介しましょう。

なぞぺーの例①

左《ひだり》のような図《ず》があります。━━と━━をくっつけると、どのような絵《え》になるでしょう。①～④から選《えら》んで丸《まる》をつけなさい。

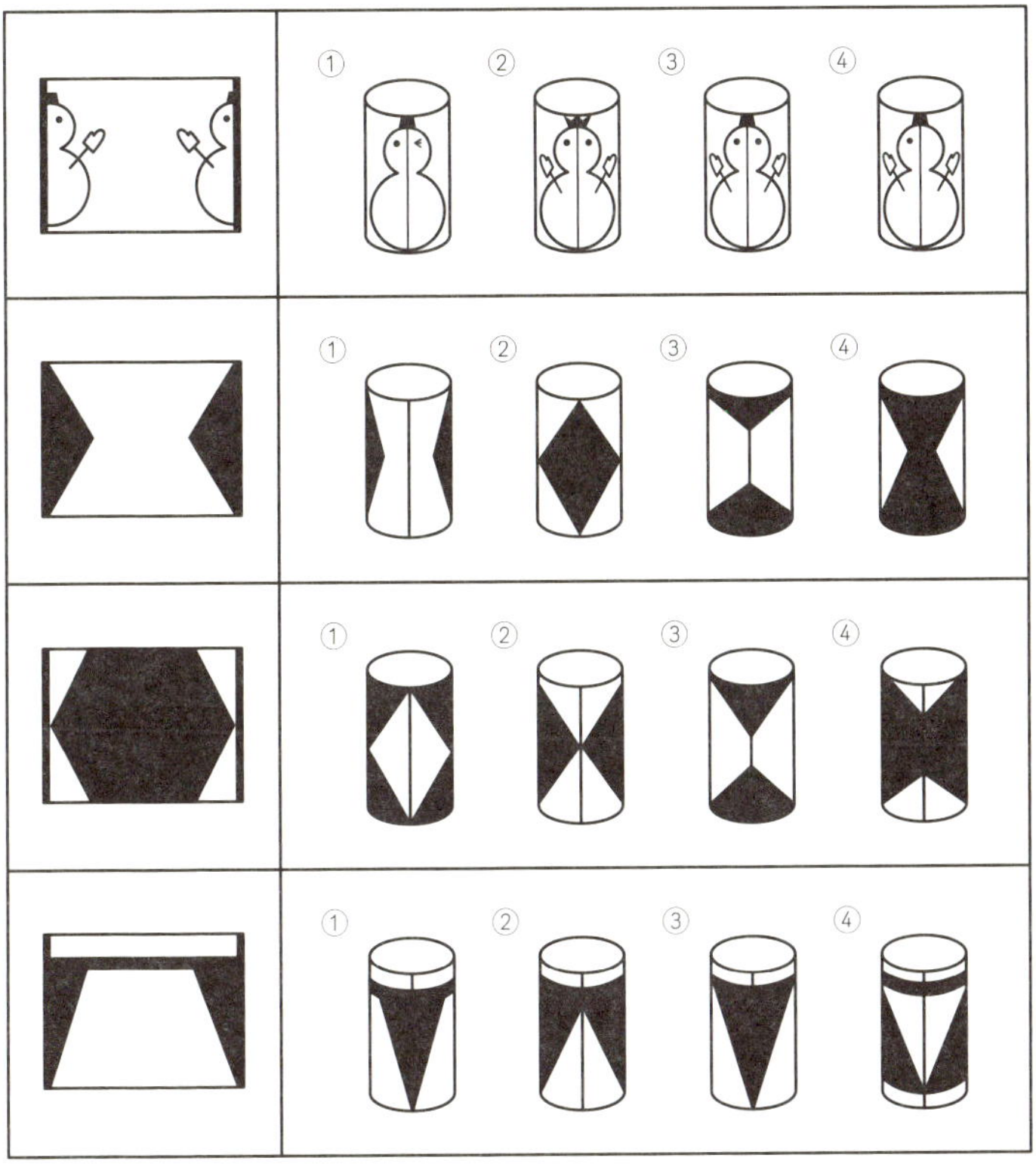

なぞペーの例②

1 2 3 4 の中《なか》に軽《かる》いものが1つだけあります。
どれでしょう。

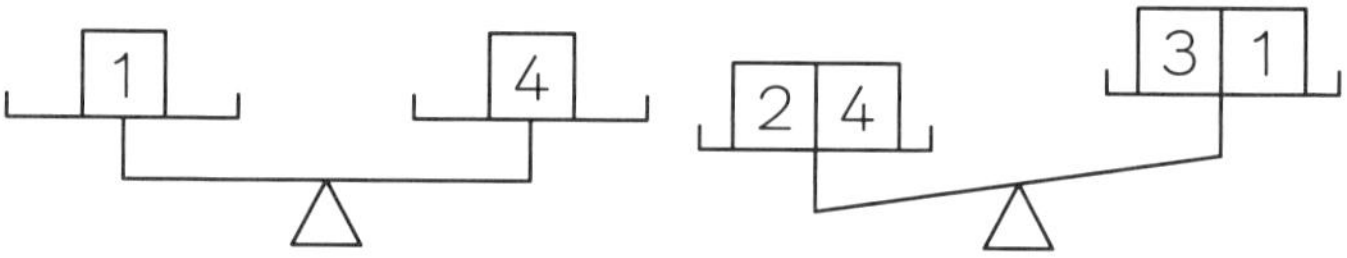

こたえ ＿＿＿＿＿＿

1 2 3 4 の中《なか》に軽《かる》いものが２つあります。
どれでしょう。

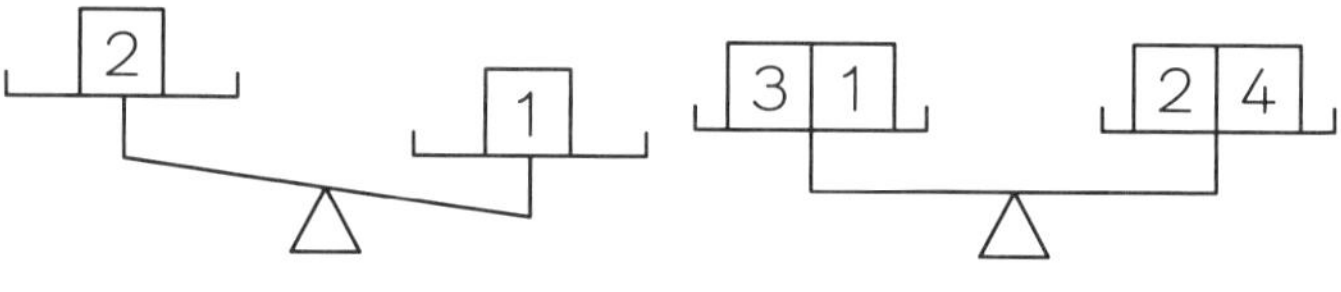

こたえ ＿＿＿＿＿＿

授業では、それこそ子どもたちは夢中になって、なぞぺーをやるわけです。

ところが、自宅でお母さんに「なぞぺーはすっごく楽しいドリルなんだって！」などと言われたら、その時点で子ども心にいやな感じを覚えてしまいます。

「あっ、やらせようとしてるんだ」ということをかぎとるからです。

子どもたちは、お母さんからの「ちゃんとやりなさいよ」という圧迫感を、敏感に感じとっているのです。


積み木よりもかくれんぼうのほうが伸びる。これはどの人も、体験上そうだと感じるでしょう。当たり前ですが、楽しくって、やる気がある状態でないと脳は働かないのですから。


脳科学的にいっても、そう証明されています。

どこかに強制感や勉強のにおいがすると、子どもはあっという間に反応しなくなります。それこそ、おもしろいくらいにです。

子どもが一番伸びるのは外遊びをすること

家の中での遊びもいいのですが、総合的にもっともいいのは外遊びです。

なぜなら全身、つまり五感を使うからです。

自然の多様性は、どんな人工物をも凌駕しています。雨上がりの土のにおい、風の冷たさ、一枚一枚すべて異なる葉っぱの色や模様……。走り回り、橋を渡り、坂を駆け上がるなかで、自然が五感を通じてたくさんのものを教えてくれます。

たとえば、かくれんぼう、缶けり、おにごっこ、なわとび、だるまさんがころんだ、ドッヂボールなどのほかにも、子どもたちは自在に遊びを創りだします。「あそこまで行ったらタッチね」「次こういうルールにしようよ」「このへいを乗り越えられるかなあ」「あそこまで飛んだら、ホームランね」

みなさんにも、こういう経験があるのではないでしょうか。

また、家族で川へ遊びに行ったときなどに、「どうやって子どもと遊ぶのがよいのかわからない」という人におすすめなのは、「上流へ向かって歩いていく」ということです。

川の流れに逆らって足を運んだり、危険そうな岩を避けるためによく見たり、ちょっとしたサバイバル感覚を味わえますから、子どもたちはそれだけで大喜びします。

花まる学習会では「野外体験部」という部署を設け、年中野外体験イベントを行っています。幼児期に山ほど体験をさせることが、あと伸びのためには最重要項目だと考えているからです。

また、見ず知らずのはじめて会った子どもたちと、生活体験をともにするというのも意味があります。

屋内のゲーム遊びでも子どもは伸びる

部屋の中でできる遊びでも、伸びる力はたくさんあります。

将棋や囲碁、オセロなどのボードゲームや、部屋の中での基地づくり、積み木、迷路づくりなども大いにありです。

お絵かきなんかも、正確に見る力を鍛えることができますね。料理やパンづくりなどでも、包丁を使うことで空間認識力を伸ばしたり、造形をするときにはイメージ力なども養われます。屋内でも、伸ばせる力は大いにあるのです。

私はかつて、ある雑誌の特集の中で「キッチン算数脳」というテーマを扱ったこともありますが、そのくらい台所で伸ばすことのできる力は多いのです。

たとえば、キュウリを3回切って長方形の面をつくるにはどういう切り方をすればいいのかなど空間認識力を養うことができますし、ひき肉パックの単位あたりの価格と総量の価格を比較して単位の感覚を身につけることにも、役立ちます。

台所でお母さんのお手伝いをして料理をつくることで、算数に強くなるのです。

「食べる」ためにやることですから、子どもたちの集中力が違います。学校ではなかなかそこまでやってくれません。

幼児期の子どもにはやりつくす経験が大切

「〜しよ！」「いいよ！」で子どもの遊びははじまります。

さらに誰かが入ってきたり、何かが起こって「やーめよ！」となるまで、自分のやりたいところまで遊びつくす。

これが、「やりつくす」ということです。

たとえば日が暮れて真っ暗になっても、「公園で砂山にトンネルを通して、水をひくまではやめられない」といったことが、誰しもあるものです。

私のかつての教え子で、駒場東邦中学に進学した子どものお母さんが、あとあと振り返ってわが子のことをこう言っていました。

「親の私から見て息子は普通だと思っていましたが、そういえば……、砂場で遊んでいるとき、『一番底のところ（コンクリート）まで掘るんだ！』と言って、周囲があきれるくらい没頭して夢中で掘り続けていました」

これは、やりつくす才能の表れだと思います。

こういう子どもを持つと、お母さんとしては「ちょっと大丈夫かな」「こだわりが強すぎるんじゃないか」と心配するかもしれません。ですが私は、こういう子どもたちはやりつくす経験を豊富に積んでいるんだなと見ています。

花まる学習会では、野外体験の一環として「雪国スクール」というものを毎年行っています。スキーをせずに、雪遊びをしつくす2泊3日のコースがあるのですが、その中の遊びのひとつとして「雪像コンテスト」というものがあります。テーマはなんでもよし。チームでひとつ、雪像をつくります。

チームに与えられた課題は「雪像をつくる」ことであるにもかかわらず、毎年何人か「ひたすら掘る」ことに集中している子どもたちがいます。掘りだしたら止まらず、昼食をはさんでもひたすら掘っているんです。

こういう子どもたちを見ると、遊びつくしているなあと感じます。

幼児期にこういう「遊びつくした」体験を豊富に持っている人は、実業の世界で活躍していることが多いなと思います。

自分の決めたところまで、こだわってやりきる。人から見たらこの人ちょっとあぶないいんじゃないかという一歩手前までこだわりを持っているから、成功できるのでしょう。


周りの友だちは習いごとばっかりで、今は遊ぶ環境自体が整っていないということもあるかもしれません。

ですが、遊びきるといっても子どもの集中はせいぜい20分くらいですから、コマ切れの時間でも使ってほしいものです。


上手な人の例としては、夏休みなどにおばあちゃんの家に帰省した際に、子どもたちを自然のたっぷりあるところで遊ばせるというものです。

こういう人たちは、1年の中で節目節目を利用しているんですね。

夢中になって没頭したという経験が主体性のもと

たとえば高校2年生の男子が、勉強で伸び悩んでいるとします。

このときの彼に何が足りないのかというと、たいていは主体性です。

要するに、「やらなきゃいけないから」という理由で、それまでお利口にやってきたからなんですね。

「おれがやりたいんだよ！」というはっきりした意思がない状態のまま、それまで育ってきてしまった。だから、高校生くらいになると伸び悩むのです。


みなさんは、『大学への数学』（東京出版）という数学専門誌があるのをご存じでしょうか。これが好きな子どもたちは、本当に数学の世界をおもしろがっています。

この専門誌は、たとえば問題の別解（異なる解答例）を投稿することができるので、そのことが好きな子どもたちは「おれの解法が載った！」「すげー！」とか言いながら、ひたすら考えることに没頭しています。

この子たちは、夢中になって没頭できるものを持っているということです。

このように夢中になれたり、限りなく主体的になれる分野をひとつでも持っていると、社会に出てからも自分の居場所ができます。

それだけでなく、その主体性は、他のものにも転移していくのです。

つまり、ひとつのことについて「主体的にやるとおもしろい！」ということを知っていると、別のものについても、自分でやると決めて実行することを繰り返すので身についていく、当たり前になっていくのです。

お母さんにとっての「いい子」のレールをひたすら歩んできた子どもは、地頭もいいし、訓練されているのだけれど、どこかパッションが足りない人になってしまいます。それは、主体性が欠けているからです。

幼児期はあらゆる「体験」をとおして伸びていく

子どもは、座学ではなく、「やってみる」ことによって伸びます。

積み木は何個かななどと眺めて数えるよりは、積んでは崩し、積んでは崩し……、を繰り返した経験のほうが、実際に数の感覚が養われるのと同じです。

算数のいわゆる思考力問題というのは、大きく「整数」「立体」「場合の数」「割合」「論理」の5つのジャンルに代表されます。

ドリルだけやってきたA君と、小さい頃から外遊びをして「あの電車、10両編成だ！」といった数え上げ経験を豊富に持っているB君がいたとしましょう。

A君とB君は、どちらが伸びていくかわかりますか。

たとえば、整数問題では数への感性が問われますが、そこでよく使われるのが線分図です。線分図では、数字の大小を線の長さに置き換えるのですが、B君の場合はそれを知ったときに「うわあ、線分図、使えるなあ！」と思うはずです。

それ対してA君はというと、ひたすらパターン対応をドリルでやってきただけですから、B君のようには考えません。

つまり、A君のように数の量感やイメージを持てていない子どもにとって、線分図のような方法はただの押しつけに感じられてしまうのです。

要するに、愛せないんですね。

実体験が自分の言葉を使えるようになるためのもと

生き生きしている人は、イマジネーションが豊かです。

話がおもしろく、次から次へと新しい話題が出てきます。

その大もとには、豊富な実体験があります。

五感をとおして味わってにおいをかいで、触ってみて……、たくさんの体験がイマジネーションのもとになっているのです。

図鑑を見て「これがウサギだよ」と言うよりも、実際に動物園へ行って、ウサギを触って、抱いて。「実はちょっとくさい」とか、「毛がちょっとぬれてるな」「少しべたっとしてるんだな」「でもやっぱり、かわいいなあ」「あったかいなあ」などと感じる。圧倒的にそのほうが強烈に記憶に残りますし、あとあとのイマジネーションのもとになります。

「ウサギを抱いたときみたいな」という比喩を使えるのだって、抱いた経験があってこそですよね。実体験であれば、かくれんぼうであっても空間認識力や集中力を伸ばすことができます。こんなふうに実体験は、自分の言葉を使える人になるために必要なことでもあります。

休みに家族でテーマパークに行くのもいいですが、釣りやキャンプなど、具体的な体験をさせてあげてほしいものです。

自然に感動して多様性に触れることで豊かになる

水の流れは毎回違います。雲もそうです。どれだけ見ても、絶対に同じではありません。いい色の雲だなあ、おもしろい形だなあ、誰かに見せてあげたいなあと思っている瞬間に、もうすべてが変わっています。河原の石だって、葉っぱの形だってそうですね。

私たち人間がどれだけ苦労してつくった精巧なコンピュータでも、自然の多様性にかなう色や形を生み出すことはできないでしょう。

自然のもつ感動を私たちは知っています。

夕日を見て「きれいだなあ」と何だかぐっときてしまったり、真っ青な空を貫く白い飛行機雲に見入ったり。山一面の真っ赤なもみじ、五月の新緑が陽の光を受けて透けている様子、薄桃色の満開の桜など。幼い頃の感動体験というのは、とても重要です。

感動慣れしていないと、感動できません。笑い慣れしていないと、自然に笑えないというのも同じです。

ものそのものに慣れ親しむ体験も重要

花まる学習会のある教室の子どものお母さんが、

「うちの子、カーナビとかの機械を部屋に置いておくと、知らないうちに分解しちゃってるんです。だから高いところに置くようにしているんですよ！　それくらい、好きなんです」

と話していました。

分解好きなんですね。こういう子は伸びます。ペーパードリルを解くよりも、実際の何かに興味を持っていじることのほうが、断然効果的であるという典型的な例です。

道具は、子どもの発達をうながす好材料です。

たとえば傘ひとつとってみても、「なぜこのボタンを押すだけで開くんだろう」としくみについて考えてみるとおもしろいものです。また、「階段の下でスイッチをつけても、階段上のスイッチでも消すことができるって、どういうしくみなんだろう」と考える。それだけで科学になります。

「なんでだろう?」と、目の前のものをいじって、触って、考えている子どもの頭の中では、一番いいことが起こっています。

子どもが「なぜ?」と聞いてきたら、まずは共感して「よくそんなことに気づいたね」と認めてあげましょう。

子どもの疑問に対して、その場で解決しなくてもいいのです。

「○○先生に聞いてみようか」という終わらせ方で十分。その子が疑問を持ったということ自体に、価値をおきましょう。

やりつくす体験をする

これは、前節の「幼児期の子どもたちは遊びで伸びる」で触れた「やりつくす」ことと同じです。

言うのは簡単ですが、これを存分にわが子にやらせてあげている家庭はなかなかないのではないでしょうか。

やりつくす体験があるからこそ、ほかのことも次々とやりつくせるようになるのですから、この経験はとても大事です。

たとえば、子どもがティッシュの箱から夢中で一枚一枚引っ張り出して、飛ばしているのを止めてしまっていませんか、ということです。

思う存分やらせてあげたいところなのです。

それなのに、ちゃんとしなきゃという気持ちが強いお母さんだったり、そうでなくとも下の子が泣き出したりすると、「やめて！　今そんなことするの！」というひと言が出てしまうのです。

やりつくすという原体験は、社会に出てからとても大きな意味を持ちます。任された仕事をやりつくす、目標をぶらさずに試行錯誤してみる、すべてのことにつながってくる、基本的なことです。

公園などで落ち葉をひたすら集めている子どもを見かけることがありますが、この子たちには気のすむまでやらせてほしいと思います。

やりとげる体験をする

やりとげるというのは、困難があってもひとつのことを最後までちゃんとやる、ということです。ひとつのことを仕上げていく感覚、とでもいうのでしょうか。

たとえば、「今日はあの山のてっぺんに登ろう」と自分で決めたときには、「難しいかな」「途中までしかできないかな」などと思っても、「それでもなんとかやってみよう」とやりきることです。

先の「やりつくす体験」が、やり終えたあとに「よーし」と満足げな笑みを浮かべられるのに対し、「やりとげた体験」は、一種の高揚感みたいなものが生まれるという違いがあります。

ひとつのことを仕上げ、そして結果を出したからです。

社会に出たら、結果を出すことが必要です。結果を出せない人は、できなかった言い訳ばかりに気持ちが向いてしまいがちだなあと思います。

これもやはり、分かれ目は小さい頃にどれだけやりつくせたか、でしょう。

勝ち体験を積み重ねる

勝ち負けは、人間の自然な状態ではないと言われたこともありました。

たしかに、どこかしらそれは崇高なものではないかもしれません。

けれども、勝ちたいと思うからがんばれるということは、確実にあります。

兄弟がいたらすぐにケンカがはじまるし、認められたい、上に行きたいという気持ちはいつでもあるはずです。

それは直視すべきことだと思うのです。

教育現場で感じる問題点は、伸び悩んでいたり気迫がないとか、なよなよしている人は、子どもの頃の勝ち体験が少ないんだなということです。

なんでもいいのですが、本人がひとつ「これはがんばった」と思うことについて、勝利が転がり込んだ経験がどれだけあるかです。

勝つ人が限られていますが、徒競走はわかりやすい例です。

中高一貫校に合格した子どもが大学入試までがんばれるのは、この「勝ち体験」があるからじゃないかなと思います。ある意味で勝つことの味を知ってしまったから、そのときの自分でいたいということでしょうか。

理想論は無意味ではないでしょう。

ですが、大半の人は勝つことで味わった高揚感を自分から放棄したくないというところで、がんばっているように思います。

そういう意味でも、勝ち負けは決して目をそらしてはならない部分です。人間はそこでがんばれるのだから、勝ち体験は必要なのではないかと感じます。

中学受験もそのたぐいです。一番になることの意味は大きいのです。

私は田舎育ちですが、子どもの頃からずっと一番になるようがんばってきました。この体験が、がんばりが必要な局面の最後のところで、根拠はないけれども自信になったのです。大学入試で2浪、3浪したときには、「おれは、やればできるんだ」という気持ちが支えになったこともあります。

やはり体験です。誤解を受けるとよくないところなので補足しますが、勉強での勝ち体験が至上というわけではまったくありません。

むしろ、音楽とかスポーツで輝けるのが一番いいなと思います。

あとは、笑いでしょうか。常に人を笑わせることができる人は、「ウケる」という勝ち体験を積んでいるわけです。

これは成長していくうえで、大きいなと思います。

男の子は逆境に立ち向かう力をなくしている

男の子が育っていないのは、現代という時代の抱える大きな問題点でもあるのですが、原因は「逆境」に対する体験の不足ではないかなと考えています。

女の子の周りには、日常にいじわるが転がっています。

「そんなにきつい言い方しなくても」というようなことを、誰かしらがやっているところがあります。こうしたことに日々対応していると、耐性がつきます。

しかし一方で、男の子はそういういじわるなことをしません。

そもそも関心がなく、気にいらない子とは付き合わず、たいていはさばさばと過ごしていきます。そのうえ、お母さんも大事にしてくれる。

こんな状態が当たり前になっていると、大人になって就職する頃になっても、それまでの自分が持ってきた世界観で、世の中を見切ってしまうことになりかねません。

その結果、「仕事がないじゃないか」ということになります。

これが現実として、大量のニート問題を引き起こしているわけです。

これでは、とても幸せだとはいえません。


それよりもむしろ、最初は、これはキツイなあというくらいの就職先に入ってしまったほうがいいのではないかとすら思います。本当にメシを食うために稼ぐには、世の中のどろどろした部分に直面しなければなりません。クレームを言ってくる人だってたくさんいます。

そういうものに正面からぶつかって、かいくぐって、それでも成長していくっていうことが、生きていくということなわけです。きれいなところばっかり見て育ってきた人は、これに耐えられずに、すぐに折れてしまうのです。

日本では、トラブル回避の文化がここ50年続いてきました。

それがゆえに、今のニート問題があるのだと思います。

やさしさや繊細さ、おもてなしの心など日本人ならではの、人への配慮や気配りの特性は生かすべきですが、それは強さという土台があってこそ、意味をなすものなのではないでしょうか。

強さという土台がないから、社会に出たとたんに、ポキポキ折れてしまうのだと思います。それは、「合わない」という発言にも象徴されています。

「心が折れる」という表現が当たり前のように使われている時代ですが、私からしたら、そんなことはまず簡単には起こらない。

学校にもまれにいっている子どもを温かく見守る

子育ての話に戻りますが、子どもがケンカをして泣いて帰ってきたときに、親としてどう対応するかが大事なのです。

苦い経験や逆境体験というのは、ものすごい宝物です。

そういう目で見れば、わが子のつらさに共感して学校に乗り込み、「責任をとれ」と事を大げさにするのだけは、本当にやめてほしいと思います。電話でおたがいに謝らせて、表面上だけ仲よしに戻してもなんの意味もありません。

社会に出ていけない大人を量産してしまうような対応だけは避けたいものです。子どもの頃にトラブルを豊富に経験しているからこそ、社会に出てからもやっていけるのです。

そのためには、子どもは学校に「もまれにいっている」のだと考えましょう。負け、悔しい、我慢といった、逆境体験の重要さをもう一度、親も周りの大人も知るべきです。

学校でケンカになったとしても、おたがいの親が「この子たちの将来にとってはプラスですよね」と言い合えるかどうかです。その繰り返しでしか、子どもは成長しないでしょう。


逆境体験を積んでいくうえでの支えは、小学校の低学年はもとより高学年になっても、やっぱりお母さんです。

ペットがいるから、お父さんやお兄ちゃん、お姉ちゃん、家族がいるから家に帰るとホッとする、ということが大切なのですが、その中心にいるのはいつだってお母さんなのです。

いつもニコニコしていてくれて、ときには失敗したり、それでもわははと笑っている母親の姿を見るだけで、子どもはすべてがいやされるものです。

お母さんとはそういう存在です。子どもが外で鍛えられているときの最後の頼みの綱、ともいえます。決して、何かを決める裁判官ではないということです。

花まる学習会では、よく「学校でこんなことがあったんですよ」という相談をお母さんたちから受けます。

そんなとき私は、「たしかに、心配になってしまうのはわかります。けれどもわが子の将来を考えれば、ちょっとした逆境はなんのそのと乗り越え、モテる大人になってほしいですよね。そのためには、お母さんが今、干渉することなく、笑顔で向き合うことに価値があるんですよ」と話します。

あと伸びを考えたときに大事なのは、お母さんの笑顔です。

お手伝いを通じて工夫する力をつける

「小1になったから、お風呂掃除の担当は今日からあなたよ」

「洗濯ものを取り込むのは2年生のあなたの仕事ね」

子どもは基本的に、仕事を与えられることに誇らしい気持ちを抱きます。

「え〜」などと言いながらも、実はやりたくてうれしそうにしています。

人間はもともと、役に立ちたい生き物です。ましてや相手は大好きなお母さん。いつでも喜ばせたいと思っています。


たとえば、お風呂掃除をさせれば、水のかけ方やスポンジの使い方、洗剤の量、いろいろな工夫をするなかで、常に進歩していきます。

「この蛇口の裏まできれいにしたら、お母さん喜ぶだろうな」

などと思ってやったことを図星でほめられれば、もうお風呂掃除はその子の得意分野になるでしょう。

お手伝いをはじめるきっかけとしては、学期や学年の節目がおすすめです。夕食後、テレビを消して、お母さんがまじめに厳かに、「もうあなたは3年生だから、新しい仕事をお願いしようと思うの」といったように、特別感を出しましょう。それまで2年生だった子にとって3年生になるというのは、大人からすればあまり変わりないのですが、まったく別です。

工夫をたくさんするから、工夫できる人になる。家庭の中で仕事の渡し方を工夫して、ぜひやってみてください。

幼児期の国語力はどのように伸ばせばいいのか

「あと伸びする子は、どんな子ですか？」とよく聞かれるのですが、そのときは必ず「言葉がしっかりした家庭のお子さんです」と答えています。

日々使う言葉が国語力の礎であることは、教育現場で仕事をしている者の感覚として、疑いようがありません。

国語力こそがすべての学力の土台になる

学力差は、いったいどこでつくのでしょうか。

基礎計算処理が速いとか、言葉をたくさん知っているといったことは、重要な基本ですし、あるにこしたことはありません。

ですが、教育の現場で日々見ていると、結局、「算数は文章題」「国語は長文読解」で、子どもの本当の力が見えてくるのだなと感じます。

文章題や長文読解で必要とされるのは、いわゆる「国語力」です。

小学校の高学年以降は、どの科目であれ、いかなる問題も国語力がないと解けなくなります。ましてや社会に出てから言葉の力がない人は、困りものです。正確に自分のことを表現できない、魅力的に語れない、人の話を正確に聞けない、要約できないなど、根本的な支障が出てきてしまいます。

やはり、いくつになっても国語力が大事なのです。

国語力は何をおいても、生きる力を考えたときに重要な力なわけです。そして、幼児期に国語力を伸ばすことができるのが、家族での会話なのです。

国語力を鍛えるというと、文字の練習だとか本を読ませるといったことを考えるかもしれませんが、そうではありません。

私がもっとも強調したいのは会話、とりわけ家族の中での会話です。

幼児期は耳学問です。耳から入った音を口に出して覚えていくという知能の発達段階にあります。

だからこそ、「読む」と「書く」以前の土台である「聞く」と「話す」力が、大事になってきます。

聞く力は読む力に、話す力は書く力に直結しているのです。

教育現場で見ていても、話すときに使う語彙が豊かな子どもは、やっぱり作文を書きはじめてもおもしろい表現があったり、的確に言葉を使えていたりします。また、視点が斬新だなと思うこともあります。

話す力は書く力に直結しているのです。

・聞く力と読む力は直結
・話す力と書く力は直結

聞く力とは何かというと、「この人はこういうことを言いたいんだな」という「心の目」で聴こうとすることです。

5000字読んで文字慣れする、というようなことも意味はありますが、それよりも前に心の目で聴く、話の肝をぐっとつかみとるようなことができていることが重要です。相手が何を言いたいのかにアンテナを張れている子は、作文の力もあるなと思います。

いわゆる思考力問題や入試の難問というのも、「要はなんなのか」という部分をつかめるかどうかが、分かれ道になってきます。

まずは、家庭での「聞く力」「話す力」を鍛えましょう。

「お茶」とお父さんが言って、すぐにお母さんがお茶を出してしまっていないか。単語での会話を当たり前にしてしまっていないか。小さい頃から、ちょっとした一文にして話すのが当たり前だという文化をつくっておきましょう。

文字の習得は生活の中の会話で自然に伸ばす

「あ」の文字を10回書くということで、「あ」は読めるようになるかもしれません。そういう練習は、筆順などを含めてあっていいのですが、まずは生活の中で「醤油って書いてあるビンをとって」などのひと声をかけてあげているかです。

もちろん、子どもは醤油という漢字を読めません。

けれども、「ああ、これはしょうゆって読むんだな」とビンを手に取って気づくはずです。


たとえば、「静岡みかんっていう箱から、みかん3つとってきて」であれば、「ふーん、これはしずおかって読むのか」とわかっていきます。

これも、先述したとおり「経験」です。たくさん文字を読んだから読めるようになるわけで、ペーパードリルに向かって「あ」を10回練習しなさいと言う前に、基礎経験を積ませてあげてほしいのです。


「これなんていうの？」と子どもが質問し、「あれはね、……」とお母さんやお父さんが答えられる関係になれば理想的です。

文字を練習するときの順番は自分の名前から

文字を習得するうえでの目安は、幼稚園の年長さんのあいだに「自分の名前がひらがなで書ける」「ほかの文字も読める」ことです。

花まる学習会でも、それを目標にして指導しています。

年長さんであれば、お正月に年賀状を書くといいでしょう。送った先の親せきのおばあさんたちが、「まーちゃん、もう字が書けるのねえ」とほめてくれたりする経験が、この時期には大切なのです。

とはいえ小学校に上がったら、自分の思うままに書いた文字では、先生に×をつけられてしまいます。

つまり、ただ「書ける」ということからはじめて、読める字、立派な字に仕向けていかなければならないのです。

ですが、難しく考える必要はありません。

自分の名前で練習すればいいのです。

自分の名前を書くのを面倒くさがる子はいませんよね。

この世界で自分ひとりだけの、一番の宝ですから。どんな子どもでも、自分の名前を呼ばれるとにっこり笑います。

自分の名前を書けるように練習して、書けるようになったら、それをより立派に書けるようになりましょう。具体的には、「筆順」「とめはねはらい」「大きさ」「マス目の中にバランスよく」書けること、などです。


自分の名前に集中して、「より立派に」を追究していくと、自然と文字に心が入っていきます。そしてその感覚が、ほかの文字にも転移していくのです。

こんなふうにやっていけば、文字で困ることは基本的にないでしょう。

ひたすら「あ」を繰り返し書くことだけが、文字の練習ではありません。

小学校に上がってからも、基本的には同じです。

家族や親せきの名前、興味を持ちやすいもの、たとえば好きな駅名などから練習していくのが効果的です。

親が辞書で調べるところを子どもに見せる

みなさんは、自宅で辞書を引いているでしょうか。

ツールとしては国語辞典でなくとも、ウィキペディアでも、電子辞書でもかまいません。大事なのは、ひっかかった言葉を自分で「これってどんな意味だっけ？」と調べる姿を、わが子に見せているかということです。

中学3年生を対象に、国語力の統計を取ったデータがあります。

それによると、国語力と親が辞書を引いている度合とが、見事に比例していたのです。

はじめて出会った言葉、なかなか意味を類推できない言葉をそのままにしない。ひとつの言葉に対して吟味しようとする親の姿勢を見て育った子どもは、同じように言葉への感性を鋭く持ち、言葉の力をつけているということでしょう。

私もいまだに、ニュースや本などで知らない言葉に出会ったときは、調べるために言葉ノートをつくっています。

みなさんも、ぜひ取り組んでみてください。

読書好きが望ましいけれども押しつけはだめ

子どもにはぜひ、本を読ませてほしいものです。読書家というのはたくさんの言葉を知っていますし、文字を感じる力が伸びます。

だからといって、子どもに読書を押しつけると逆効果になります。

「うちは、お姉ちゃんのときは読み聞かせがうまくいって読書が大好きになったのに、弟はねえ……」といったようなもどかしさを持っているお母さんから相談をよく受けますが、結論からいえば、それはそれでいいのです。

読書が大切だからといって、子どもを追い込む必要はありません。

外遊びが好きな子であれば、外で動き回ることによって空間認識力が鍛えられたり、運動神経がよくなったり、俯瞰するといった一種の理系の力が育っているわけです。それはもう、なかなか変えられるものではありません。

ですから、「そういうものなんだなあ」と思ってほしいところです。

ただどうしても、親としてはわが子に読書家になってほしいと思うのもわかります。

そこで私が考える、読書好きになるきっかけを3つ紹介しましょう。

まずは、読み聞かせです。今、読み聞かせがうまくいっていれば、ぜひ続けてほしいと思います。幼稚園くらいまでだったら、十分根づく可能性があります。

次は、親が読書家、本の虫であるということです。子どもが「ねえねえ」と話しかけても、お母さんやお父さんが「今おもしろいところだから！」と目もくれないくらい没頭していれば、「ああ、本ってそんなにおもしろいものなんだなあ」と子どもは思いますよね。

最後は、思春期における本との出会いです。人にも言えない悩みを隠し持つようになるのが思春期です。その答えを求めるために、本に手を伸ばす子も多いのです。

親こそ読書家になって子どもの鏡になる

「親が本の虫である」という話とつながるのですが、花まる学習会で保護者面談をするとき、さりげなくお母さんやお父さんに「本はどういうものがお好きですか？」と聞いていています。

その答えとして返ってくる本の種類の中に、「ああ、この人は本当に読書というものの醍醐味を知っているなあ」と感じさせてくれるようなものがあります。

そういう本をお母さんやお父さんが読んでいる家庭の子どもは、やはり本をよく読んでいるなと思います。

読書での感動体験、心を揺さぶられるような体験を親自身がどれだけしているか。そのことは、決して子どもの読書と無関係ではないのです。

家庭でできる言葉遊びをたくさんする

家族での言葉遊びもおすすめです。といっても、難しいものではありません。しりとりや山手線ゲーム、詩づくりなどです。たとえば私との会話で、

「家族旅行に行ったんだ」「そうなんだ、どこへ行ったの？」

「温泉だよ。車で行ったよ」「車で何したの？」

と聞いたときに、「しりとりしてたよ」

と答える家庭の子は伸びるなあと感じます。


旅行中の車の中は言葉遊びの大チャンス。流すとしても、テレビではなくラジオ。そして、なにより一番は家族で楽しむ言葉のゲームでしょう。

この子は国語力があるなあと思った子の家庭の話を聞いてみると、山手線ゲームやしりとりなどを楽しんでやっていることが多いのです。しりとりの力が学力に直結するというのは、教育現場で見ていても明らかです。

また、しりとりとは少し違いますが、かつて夕食のだんらん中に家族で詩をつくる家庭もありました。なんにせよ、家族で言葉をやりとりする時間が豊富にあったということです。

会話では「○○が△△した話」と要約して報告させる

子どもたちが、読んだ漫画がおもしろかった、紙芝居を見て楽しかった、映画を見て感動したと言うときは、「それはどういうお話だったの?」と聞いてみましょう。一文で要約する力が身につくようになります。

とはいえ、最初から一度でうまく説明できることなど絶対にありません。たいていの子どもは、自分がおもしろかったと感じた部分の説明を繰り返しているることでしょう。その場合は、「それもいいね。でも、あの映画って、○○が、△△した話だよね」とやってみせてあげましょう。

国語でも算数でも、要約が大切だということでは同じです。

要約ができない子は、ある話を聞いて「みんなの意見を聞いて話し合うことが大事」といったテーマでまとめられる話を、「みんな仲よくしよう」といった、ピントのずれた内容にしてしまったりします。

「要は○○」の説明ができるかどうかで、学力がとてもよく見えるのです。

子どもに聞かれていることにしっかり答える

「今日は楽しかった？」

「ていうか、おなかへった」

「あそうそう、夕飯の買い物行かなきゃ」

こんな会話が、実は平然と成り立ってしまっているのが実情です。


要は、お母さん自身が、わが子に聞いたことを軸にして会話ができていないんですね。それどころか子どもが話していることを流して、さらに自分が言いたいことを話してしまっているのです。

「新しい会話」などと皮肉ることもできますが、決していいことではありません。「言葉と言葉」「意味と意味」のキャッチボールをしっかり子どもに示してほしいものです。

幼児期の数理力と思考力の伸ばし方

数理力や思考力を伸ばしていくうえで一番避けたいのは、目先の計算ができる、足し算かけ算が速くできる、といったことで喜んでしまうことです。

これは、はじめての子育てのときに陥りがちなところです。

足し算やかけ算が速くできるといっても、実は作業として暗記しているだけで、頭はほとんど使っていないのです。

シンプルなことをやっているだけなのに、お母さんやお父さんが必要以上に喜んでいると、小学4年生以降に落とし穴にはまることになります。

数理力や思考力を伸ばすには数唱による数の習得から

幼児期では、数理力や思考力の基礎になる力を養うことが大切なのです。

それには、数の習得からはじめてください。数の習得の順番は、数唱、数え上げ体験、ペーパー上の計算です。

ここで大事なのは数の概念、つまり数に対する感覚を身につけることです。

将来、子どもたちが向き合うのは思考力を問われる問題で、それらは「立体」「場合の数」「整数」の大きく3つの分野に代表されます。これらは、いわゆる四則演算（足し算、引き算、かけ算、割り算）が速いこととは別の力です。

もちろん、基礎計算はできなければならないのですが、思考力問題において必要なのは考える力。その土台になるのが、数の概念なのです。

幼児期では、耳に入ったことを口に出して覚えますから、まずは数唱です。これが安定することが大事なのです。

具体的には、2~3歳からはじめて幼稚園の年長の終わり頃までに、もれなく100まで言えれば大丈夫でしょう。よくお風呂に入っているときに、大きな声で「いーち、にーい」と数えますよね。あれです。

このとき、だらだら数えたり、とぎれとぎれに数えるのではなく、よどみなくすらすら数えられる状態をめざしましょう。

生活の中で興味のあるものを数え上げるのが効果的

教育現場で見ていて思うのは、幼児期に数え上げをたくさんした子どもは、数理的なセンスがいいなということです。

たくさんものを数えれば必ず頭がよくなるというわけではありませんが、少なくとも思考センスのいい子どもたちには、間違いなくこの共通点があります。

「車は何台停まってる？」「みかん何個ある？」「あの電車は何両？」

などと生活の中で興味を持つもので、数え上げが集中してできるかどうかです。

正直、大人からすれば目の前の電車が10両編成なのか8両編成かなんてことはどちらでもいいことですが、子どもにとってその違いは、ものすごく大きなものです。そのスケール感が、数の感覚そのものなのです。

「10と100じゃ全然違うよ」ということです。

よく、電車の窓から追い抜かしていく列車をひたすら見つめている子がいますよね。そこで彼が体感している量感とでもいうべきものこそが、将来の数の概念へとつながっていくのです。

ただし、おはじきを山ほど買ってきて「それじゃあ、数えなさい」では、子どもは動きません。これはおはじきを使うことが悪いのではなく、「ちゃんとやりなさい」という雰囲気がいやなのだということです。

遊びとして提示できるのであれば一番いいのですが、うまくいかない場合は、生活の中で平等に分けるということをさせてあげれば効果的です。

とくに兄弟がいる場合、「平等に」という言葉に敏感に反応します。

アナログの時計を使って時間を読む練習は旅人算に役立つ

今はどんな家電製品にもデジタル時計がついていますから、子どもたちも数字で時間を読む機会は増えているでしょう。

ですが、実はアナログ表示の時計で時間を読むほうが重要なのです。

それまで数の数え方がちょっとできた子が、「なんだこれ」とひっかかるところであり、勉強ぎらいの壁になりがちなところでもあります。

それまで学んできたものとは、まったく枠組みが違うものだからだと思います。

六十進法を採用していたり、短針と長針という2つのものが、まったく違う挙動をしていたり。実はこの「2つのものが異なる挙動をする」というのは、トップ校でよく出される、思考力の難問における基本パターンなのです。たとえば、

「太郎君は午前8時に、毎分60ｍで歩いて家から学校へ向かった。寝坊した次郎君は午前8時15分に毎分１５０ｍの自転車で家を出発した。次郎君は、太郎君を途中で追い越し、太郎君よりも9分早く学校へ着いた。次郎君が太郎君に追いついたのは何時何分か？」

といったような旅人算や、電車の追い抜き問題などがそうです。

このような「2つのものが違う動きをする」ということが実物で存在するはじめてのものが、時計なんです。そのため時計の動き方に違和感を持ってしまうと、あとでこれらの問題が苦手になりがちです。

したがって、長針が5のところにきたら25ということだな、つまり5の段の答えになっているんだな、ちょうど3時には短針と長針が直角になっているんだな、などと時計の動きに対してしっかりと感覚を持っておくことが大事です。


時計というのはいろいろな意味で重要ですから、幼児期に時間を読む練習をさせてあげてください。具体的には、「お父さんは短い針が6のところにきたら帰ってくるんだけど、あと何分？」などと問いかければいいのです。

そうすると、子どもは時計を見て必死になって考えます。

また、「50分になったらお兄ちゃんを塾へ送っていくんだけど、その時間になったら教えてね」などと伝えておくのも有効です。

こうした問いかけをしていくと、10というところに長い針がいったら、50分なんだなということがだんだんとわかってきます。

そのほか「10時30分まで、あと何分でしょう?」といった、クイズ形式もいいですね。

携帯番号や誕生日など身近なもので数字を教える

数字を覚えるのに、ひたすら繰り返し紙に書かせたりすると、子どもにとっていやなスタートになってしまいます。それよりも、子ども自身が必死になれるようなこと、覚えたいと思うようなことからはじめるほうがいいでしょう。

たとえば、「万が一迷子になったとしても、これを覚えておけば大丈夫だからね」と、お母さんの携帯番号や自宅の電話番号、郵便番号を教えるなどです。

家族の誕生日なんかも、有効ですね。

思考力を身につけるにはパズルがおすすめ

いわゆる思考力問題の難問には、ぱっと見ただけでは、どうしたらいいのかわからないものが多くあります。

けれども、指示されたことをやっているうちに、「なるほど、少なくともこういうことだな」というものが見えてくる。それが、必要条件です。

つまり、条件に応じて分類する力、場合分けが必要になるのです。

実験して必要条件を発見して、場合分けをやりつくす。

どんな難問を解いていくうえでも当てはまる要件です。

これを踏まえて、わが子に何をさせればいいのかというと、まずは豊富な実験精神を培うことです。

花まる学習会では、たくさんのパズル問題を使って、子どもたちが興味を持って取り組めるように指導しています。

たとえば、次のページに紹介するアメ分け問題のようなものです。

アメ分け問題の例

下《した》の図《ず》の ABCDE の 5 つのお皿《さら》には、それぞれいくつかのキャンデーが乗《の》っています。
このうちの 1 皿《さら》を取《と》るか、つながった 2 つ以上《いじょう》のお皿《さら》を取《と》ることによって（例《たと》えば A と B、D と E と A など）、お皿《さら》の上《うえ》のキャンデーで、1 から 21 までのすべての個数《こすう》を作《つく》ることができます。
それぞれのお皿《さら》に乗《の》っているキャンデーの個数《こすう》を求《もと》めなさい。

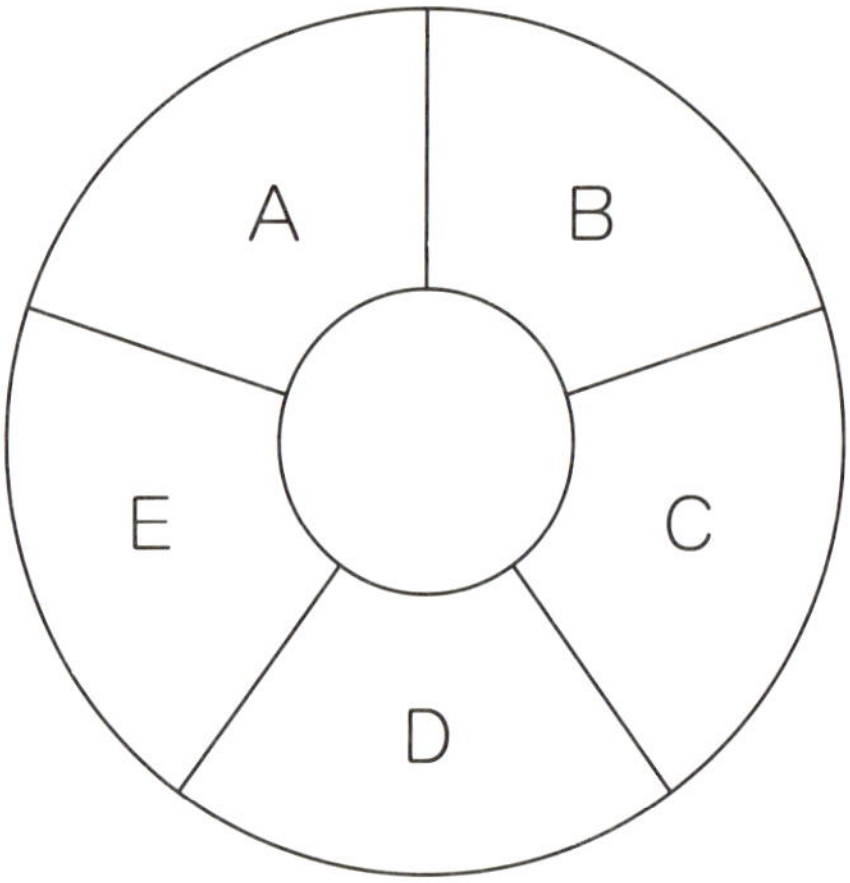

（算数オリンピック　第 4 回予選より）

こうしたパズル問題で、「まずは、やってみる」という経験をたくさんさせてあげるのです。このとき問題を前にしてじっと眺めているだけで、実際には考えていないというのが一番よくない状態です。

なぜかというと、こうした問題をやらせるのは「ここまでは間違いない、なぜかというと、〜だからだ」のように、「ここまでは間違いがない」というところまで理詰めで考えるのを、当たり前にする訓練だからです。

これは、碁の例で考えるとわかりやすいでしょう。「ここしか置けないよ、だってこっちに置いたら相手がこう置いちゃうから」といったように、自分の持ち駒について話せるのは、理詰めで考えられているからですよね。

パズルというのは、「手を動かしながら考える」「理詰めで考える」、その両方を遊びの中でできる優れものなのです。

次のページで紹介するのは、「ナンバーリンク」というゲームですが、これも理詰めで考える力を鍛えるにはもってこいです。

こういったパズルがおすすめですね。

ナンバーリンクの例

【ルール】

・ひとつの丸《まる》から出《で》ている線《せん》の数《かず》が、丸《まる》の中《なか》の数字《すうじ》と同《おな》じ数《かず》になるように、丸《まる》と丸《まる》を結《むす》ぼう。

・線《せん》と線《せん》がぶつかったり、他《ほか》の丸《まる》を飛《と》ばして線《せん》を引《ひ》いたりしてはいけないよ。

例《れい》：

問題《もんだい》

①　②　②

②　⑦　②

③　③　②

→

答《こた》え

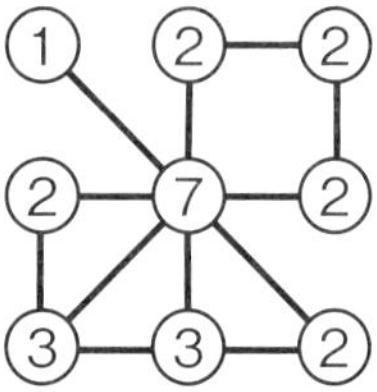

レベル2

①　①

②　②

レベル1

③　①

②　②

レベル3

③ ② ①

② ⑤ ①

レベル4

① ② ② ③

③ ② ④ ①

レベル5

② ② ⑤ ②

① ③ ① ②

レベル6

③ ② ①

③ ⑧ ②

③ ② ②

レベル7

③ ③ ② ② ③

② ③ ① ⑤ ②

レベル8

自分《じぶん》で新《あたら》しい問題《もんだい》を
作《つく》ってみよう！

手で触った体験で脳を発達させる

ドリルでの勉強にも意味はありますが、限りもあります。

脳自体を発達させたいと思えば、体験にまさるものはありません。

走り回って、木に登って、枝をへし折って、魚をつかまえて逃げられて、足に石を落として……、などといろいろな経験をすることで、集中力や空間認識力が伸びていくのです。自然の中での遊びのよさは、実感があることです。

立体の図が印刷されているドリルの「何個ありますか」という問題に答えるよりも、ものそのものを使ったほうがはるかに効果的です。

花まる学習会で、オリジナルの立体教具を取り入れているのもこのためです。

次ページで紹介するのは、花まる学習会のキューブキューブという立体教具を使用するときの問題例です。子どもたちは絵を見て、キューブを手で触って、動かしながら、自分の目で確認しながら絵と同じ形をつくるので、体験として残ります。

キューブキューブの問題例

キューブキューブには、

ABCDEFGがあります。

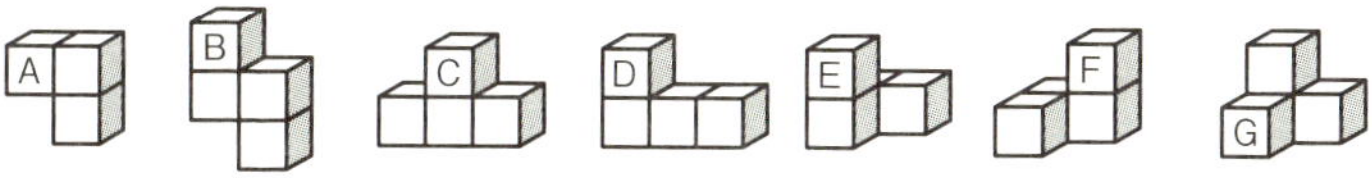

このうち

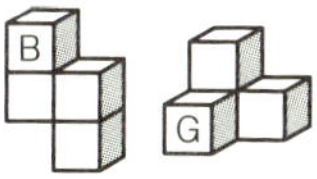

を使《つか》って、下《した》の形《かたち》を作《つく》りましょう。

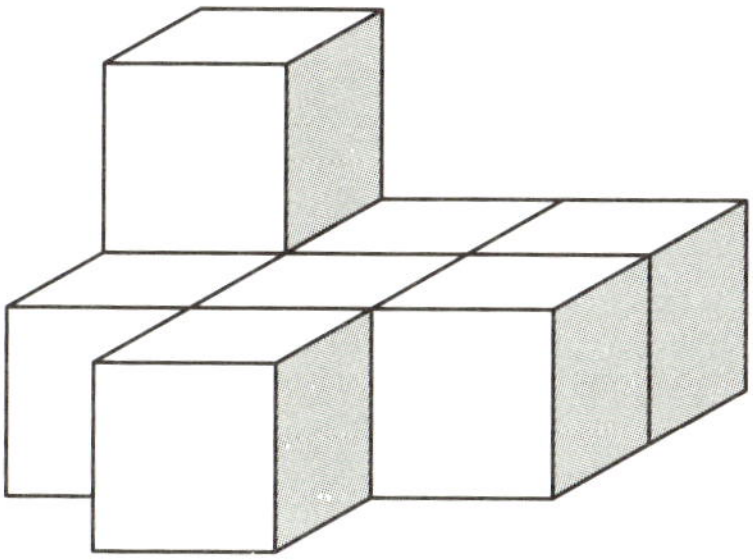

(正解《せいかい》)

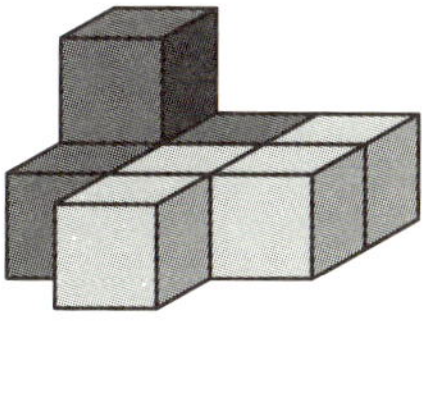

ボードゲームで相手と競争しながら思考力を鍛える

ゲームソフトのようにテレビのモニターやゲーム機を相手にするのではなく、目の前に友だちや家族がいる状態で何かの遊びをすると、子どもたちは本当に生き生きしてきます。大脳生理学でも証明されているのですが、対面式のゲームは脳がより刺激されるのだそうです。

相手の様子をうかがい、「次は何を出してくるのだろう」と推測しながら自分の一手をうつという関係性の中で、いろんな力が伸びているのだといえます。

昔からの囲碁や将棋はもちろん、トランプやアルゴゲームなど、対面式で行うことが多いボードゲームやカードゲームはおすすめです。

花まるグループでも開校している「アルゴクラブ」では、アルゴカードというゲームで、子どもたちが楽しみながら思考力を鍛えられるように指導しています。

次のページに「詰めアルゴ」の例を紹介しておきます。

アルゴカードゲーム「詰めアルゴ」の例

１から６までの白《しろ》いカードと、同《おな》じく１から６までの黒《くろ》いカード合計《ごうけい》12枚《まい》があります。

３枚《まい》ずつ４人《にん》に配《くば》られて、それぞれが自分《じぶん》の前《まえ》にふせて並《なら》べました。

並《なら》べ方《かた》のルールは２つです。
①数《かず》の小さなカードが、自分《じぶん》からみて左側《ひだりがわ》になるように並《なら》べる。
②黒《くろ》と白《しろ》の同《おな》じ数《かず》が来《き》たら、黒《くろ》を左《ひだり》に並《なら》べる。

(問題《もんだい》) たけし君《くん》は、自分《じぶん》のカード１枚《まい》と、向《む》かい側《がわ》の仲間《なかま》のカードの１枚《まい》だけを知《し》っています。残《のこ》りのすべてのカードが何《なに》の数《かず》なのか、あててください。

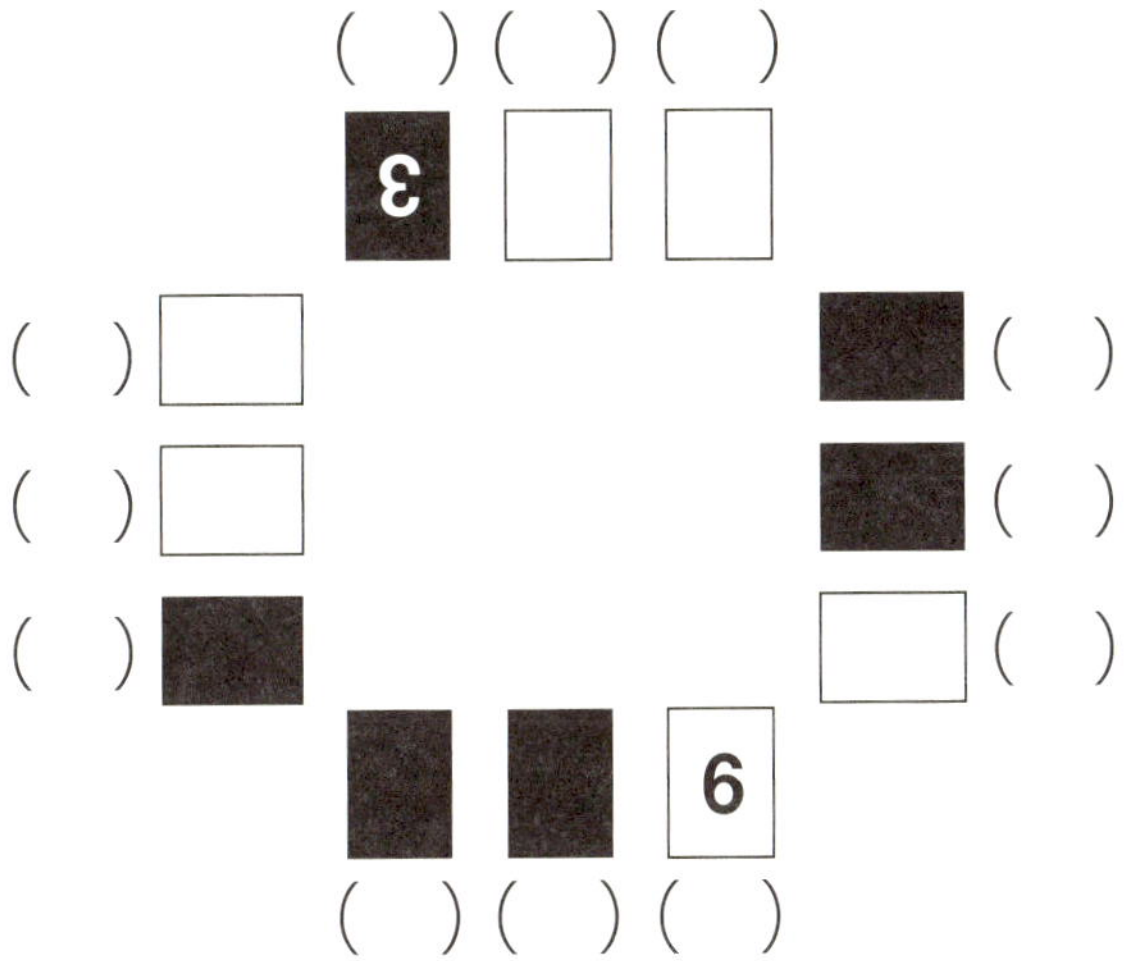

※アルゴ……アルゴは、算数オリンピック委員会（会長：広中平祐京都大学名誉教授・文化勲章・フィールズ賞受賞）、東京大学数学科の学生有志、第１回数学オリンピック優勝者で、大道芸人としても著名な数学者ピーター・フランクル氏らが共同で発明・開発したゲーム。

自分でパズルをつくれる子どもはぐんぐん伸びる

教育現場でもう20年以上子どもたちを見ていますが、幼児期に「迷路」を、それも緻密なものをつくっていた子どもは、学力がついていると思います。

私も実は、母に「あなたもつくってたわよ、迷路」と言われたことがあります。脳みそのような緻密な迷路を、「いったい何のためにつくるの？」と思ってしまいがちですが、実はすごい才能の表れなのです。集中力、つくりこむ力、またつくり手の側に回る多面的な見方。つくることは最高の訓練になります。

以前、小1〜小4が対象のアルゴクラブの授業で子どもたちに問題をつくらせたとき、たくさんつくった4人の問題を、出版した書籍に載せたことがあるのですが、その4人はみんながみんな、トップ校に行きました。

つくることを楽しめる子は、数理的思考力が高く、基本的に伸びていく子たちなんだなと思います。

説明させると子どもの理解度が飛躍的に高まる

理解にはレベルがあります。

第一に「聞いてわかる」

第二に「自分でなんとか解ける」

第三に「自分ですらすら解ける」

そして最後が、「人に説明ができたり、問題をつくったりできる」ということです。

最高レベルの説明や作問は、もはや先生業でしょう。

教えるということを楽しめる子は、高度に伸びていきます。

説明するというのは、断片では成立しません。問題を枠でとらえるような認知のしかたが必要ですし、相手にわかるような言葉で説明できなければならないからです。

それには説明するという活動を、子どもにしっかりやらせることです。

これをずっとやってきたのがユダヤ人です。

そのやり方は、もう見事というしかありません。学校から帰ってきたわが子を先生にして、日々の習慣として授業で習ったことを説明させるのです。

みなさんも、ぜひ試してみてください。

「笑い」とひらめき、「音楽」とひらめきの関係

ひらめきって、どう伸ばせばいいかがわかりにくい分野だと思います。

私見ですが、笑いや音楽の勢いが出る部分、意外性のある飛躍、心地よい裏切りの部分にいつも目がいっている人は、ひらめきがあるなと感じます。

そういう意味で、いい音楽に触れておくのは、とても意味があることではない

かと思います。実際、東大生にはバイオリン、ピアノをやっている人が多いといいます。

「この部分がいいんだよね」といった、メロディの上がり方、雰囲気の盛り上がり方、そういうものがひらめきに通じるのではないかなと思います。

笑いについても同様で、人を常に笑わせようとしている人というのはつまり、ほかの人とは違う心地よい裏切り方、返しを考え続けているわけです。

新しい発想を求め続けているので、自然とひらめきの力もつくのでしょう。

家族の中にいつも笑いがあり、また人を笑わせることができるといいですね。

「あと伸び」と比例する「好き」の力

こんな子は伸びるな、と現場で見ていて感じる事柄を列挙してみます。

・迷路好き、迷路づくり好き
・パズル好き、パズルづくり好き
・数えるのが好き（算数オリンピックの金メダリストはみな、数え上げが幼児期から好きだったといいます）
・聞く集中力が高い（話の肝は何なのか、じっと聞いている子ですね。「栴檀《せんだん》は双葉《ふたば》より芳《うるわ》し（大成する人は、幼い頃から人並以上にすぐれていることのたとえ）」という慣用句がぴったりだと思います）
・姿勢がいい（常にいい姿勢で、というわけではありません。ここぞという場面で、「よし！　やるぞ！」とやるべきことに向き合っている子は、姿勢が整っています）

・漢字が得意（誰しも、漢字を勉強しはじめたばかりの頃はつらいはずです。それでも、ある程度覚えてしまうと、いろいろな場面で活躍できます。また、「やるべきことがやれるか」というところが一番見えるところでもあります）

・負けず嫌い（私の教え子で、トランプで負けたときに悔しさのあまり、トランプ自体を燃やしてしまった子がいました。その子は東大に行ったのですが、みずみずしいまでの負けたくないと思う気持ちや、自分自身への誇りを持っているんだなと思いました。別に悔しさを表に出さなくてもいいのですが、勉強には厳しい局面もたくさんあるので、そのときに矜持のようなものを持っていない子どもは伸びない。「ええい、やってやる！」と自分の勉強に向き合う子どもは伸びます）

・なぞなぞ好き（なぞなぞを出したり、解いたり、問題をつくったりするのが好きな子どもは伸びます）

・分解好き

・しりとりが得意（基礎になる語彙が多いのでしょう。家庭の文化度が表れるな

と思います。かなり学力と比例しているのではないでしょうか）

・整理整頓（こちらはどうでしょう。整理整頓ができることで社会的な役割が手に入るし、できたほうがいいし、お母さんも好むでしょう。でも現実に、とびぬけた才能を持った子たちは、整理整頓ができないことが多いものです。大らかな気持ちで見守ってください）

第４章

思春期の子どもとの距離の取り方と学ばせ方

小学5～6年生に身につけさせたい学習法と発想法

思春期は親が先に気持ちを切り替える

小学5年生や6年生になると、子どもたちは思春期に入り心も体も変わっていきます。とくに女の子は、子どもを産めるような体になります。

こうした体の変化とともに、聞く音楽や好きな本、友だちなど、すべて変わります。私はこの変化を、低学年時代までの「オタマジャクシ」から、「カエル」への変態と呼んでいます。

もう陸で生活できるし、食べるものだって違う。「別の生き物」になっているわけです。

お母さんは見守る気持ちで接すること

このような大きな変化が現れる思春期以降で一番肝心なのは、「親側も気持ちを切り替える」ことです。

このことに気づかずに、オタマジャクシ時代と同じような対応をしていると、「全然言うこときかないんです、うちの子！」とバトルが続いて、親子ともに痛い目にあうことになってしまいます。

それだけでなく、親の側の「切り替え」がうまくいかないと、長期的にわが子の人生をだいなしにしかねません。

たとえば、お母さんと小学5年生の女の子だったら、もはや対等な女どうしのバトルになってしまいます。たとえば、

「おかあさんだって○○じゃん！」

「何、あんた親に向かってその言い方！」

などという感情むき出しの激突、ののしり合いになります。

「思春期のわが子が何を考えているのかわかりません」とおっしゃるお母さんも

いますが、基本的に子どもたちは、「大人の本音を知りたい」という時期に入っているのです。まずは、そのことに気づくことが大切です。

性についてのことなど直接親からは言いにくいこともあるでしょう。この時期は同性の親、つまり母と娘、父と息子の役割が大切になってきます。

大人のほうが「あ、もうカエルの時期だな」と判断して、気持ちと接し方を切り替え、本音トークをしていくことができれば、親子の関係は安泰です。

また、思春期の子どもたちは、親の言うことに対して何かと反発します。

そういうときのためには、「外の師匠」を1人でもつくっておくといいのです。

のちほどくわしく書きますが、たとえば野球チームの監督や空手の師範、水泳のコーチ、新体操やバレエの先生など、とにかくガツンと本音で言ってくれる存在、つまりわが子が付き従う人物を探しておくのです。

これも「親の側が切り替える」ことのひとつで、要は「私がやらなきゃ」を卒業して、「誰に預けるか」を考えるのも親の仕事だということです。

たとえば、家でだらだらしているとか、宿題をいつまでたってもやらないといったときには、親が口を出すのではなく、その師匠に全部叱ってもらうのです。

近くで見ている親としては、「私が言わなきゃいつまでたってもやらないんだから！」という気持ちがわき出て、ついつい口出ししそうになりがちでしょう。ですが、そこをぐっとこらえて師匠に頼ることが、親子でハッピーでいるための秘訣です。

思春期の女の子への接し方

この時期の女の子は、お母さんにしか話せないことばかりを抱えるようになります。ですから、お母さんは女性の先輩として経験談を語るようにしてください。

結論をいってしまうと、思春期の女の子が一番知りたいのは、「お母さん、今、幸せ？」ということです。

「お父さんと結婚してよかったと本当に思ってる？」「仕事、続けたかったんじゃない？」といったように、母の本音を知りたいのです。

女性として、生きるモデルを探している時期なのです。

ですからお母さんからは、これまで付き合ってきた人や恋の遍歴、なぜ別れたのか、お付き合いのノウハウなど、たくさん話してあげるといいでしょう。

そういう話の中で、

「結婚っていうのは恋愛とは別よ。社会的な約束だし、生活がかかっているわけだから、ちゃんと相手の生活力や思いやりの深さを見抜いていかなきゃだめよ。韓流スターや彼氏にキャーキャーいうのもいいけれど、結婚は別よ」

などと、人生の先輩として重要なポイントを伝えていってあげるのが、お母さんの役割になります。

ただし、こうした「母の本音」を、男の子に話すのはタブーです。

男の子にとってお母さんは「女神」。どんなときでも何があっても、一番の存在です。過去の恋の遍歴なんて聞きたくありませんから、注意してくださいね。

思春期の男の子への接し方

小学校の5年生や6年生になると、男の子は少しずつお母さんやお父さんと距離をとりはじめます。それまで手をつないで歩いていたのに、「恥ずかしい」と拒否するようになったら、ひとつのサインだと思ってください。

そして、この時期の男の子は基本的に「見に来ないで」の時期ですから、できるだけ外の師匠に鍛えてもらうようにしてください。

一番困るのは、「私が言わないと、この子やらないんですよ」と言って、6年生になっても中学生になっても、母親がわが子に「言って聞かせて」勉強させようとするケースです。

「やったの？」と暇さえあれば聞いてしまう。

心配で、かわいいがゆえに口出しをしてしまうんですね。

お母さんからすると、思春期の男の子は離れていく一方かもしれません。思春期に入ると全然しゃべらなくなりますし、「ちゃんとやったの」と聞いても「ふつう」、ちょっとできていないと「びみょー」といった答えしか返ってきません。「あんなにかわいかったのに……」とさみしさを覚える方も多いはずです。

けれど、これは健全な状態です。

お母さんに関心がないわけでは決してありません。むしろ、お母さんにこそ評価してほしいし、喜ばせたいと思っています。

ですが、先述したようにこの時期の男の子は、お母さんに「体育祭、見に行くわよ」と言われたら、「絶対見に来ないで！」と反射的に返してしまうものなのです。

自分で自分をコントロールできない、把握できないのが思春期なんですね。

「絶対見に来ないで！」という息子のひと言を真に受けて、実際に行かないお母さんが多いのですが、本当は見てほしいのです。活躍するところを見届けてほしいと思っているはずです。

役割分担としては、お父さんや外の師匠が男の本音を伝えてあげることです。たとえば、「仕事って、まったく甘くないんだよ」ということでいいのです。愚痴でもいいですから、「今日こういう客がいてさ、めちゃくちゃ大変なんだよ」というのを聞けば、「お父さん、こんなに大変なことしてるんだ」と、メシを食うことの甘くなさを知ることができるでしょう。

また厳しい部分だけでなく、誰かと一緒に働く楽しさも伝えたいものです。すると、きっと「そういうのもいいなあ」と感じてもらえるはずです。

教育法で有名なユダヤ人は、父親が思春期の頃の息子の世話をして、母親は指導にいっさいかかわらないといいます。

繰り返しますが、思春期の女の子と男の子の双方に共通しているのは、「大人の本音」を知りたいということです。

親は口出しをしないで外の師匠を見つける

お母さんが頻繁に、「テスト勉強やったの？」などと声をかけると、「今やろうと思ってたんだよ！」とすぐにバトルになってしまう。これは、思春期によくあることです。

その一方で、野球チームの監督に「勉強もしっかりやれよ」と言われたら、「はい！」と実に素直に答えて勉強する。思春期の子どもたちは、そういう生態なんだととらえましょう。

生態という言葉を使っているくらいですから、自然とそうなる時期なのです。

お母さんやお父さんが細かく口出しせずに、野球チームの監督やバレエの先生のような家族や学校の先生でもない、ナナメの関係としての「外の師匠」をしっかり見つけておいてあげることです。

それこそが、この時期の子どもを持つ親の役割だといえます。

外の師匠に子どもをやる気にさせてもらうコツ

花まる学習会でたくさんの子どもたちを教えていると、わが子が思春期に突入したお母さんから、「全然自分から勉強しないんですよ」といった相談を受けることがあります。

そんなときは、「そうですか、わかりました」と引き受け、私が子どもたちにカツをいれます。そのときに使うのが、「透視術」です。

たとえば、勉強をしない本人A君が教室前の廊下を歩いてきたとしましょう。すれちがいざまに私は、「見える…」とつぶやきます。そして、

「A……、見えるぞ私には……、お前は宿題をやっていないだろう」

と、再度つぶやきます。

A君からすると、「なんでそんなことがわかるんだ」とびっくりです。

しかも相手は私（外の師匠）ですから、動揺はすぐ顔に出ます。

ここで一喝、「しっかりやれよ！」と励まします。

するとA君は、「はいっ！」と必死になって背筋を伸ばし、冷や汗をかきながら教室に戻っていくというわけです。

師匠と弟子という関係さえできていれば、おもしろいくらい効きます。

ここで大事なのは、お母さんがわが子に口出しする前に、「外の師匠」に頼っているということです。

外の師匠に根回しさえしっかりしておくと、一番効果的な叱り方で子どもたちをやる気にさせることができるのです。

部活にのめりこむ子ほど外の師匠には従順になる

少し先の話をすると、中学校に入って部活にのめりこむ子は多くいますよね。

そうした子どもたちは、「部活＝新たな世界」に夢中になり、勉強がおろそかになることもあるでしょう。

ですが人生全体で考えると、その時期に部活に打ち込むことで必要な「肉体を鍛える」「みんなでいるほうが楽しい」「憧れの先輩がいる」といったことをすべて経験できますから、決して悪いことではないのです。

そのうえ、中学3年生の夏まで部活に燃えた子が秋から成績が伸びてくるということもありますし、それは教育現場で見ていてもよくわかります。

そうはいっても、定期テストには各科目をバランスよく勉強しなければならないし、それがあやういのであれば、誰かが助言をしてあげなければなりません。

そこで、外の師匠の出番です。

たとえば、リーダーシップのある野球チームの監督から「お前なめてんじゃねえぞ。勉強しなかったら学生とは呼べないぞ」なんていうふうに、口は悪くともアツく叱られたら、子どもたちは素直に聞きます。

思春期の子どもたちは憧れで動くもの

中学生どうしの会話を聞いていると、「○○先輩、マジかっこよくない？」といったやりとりを耳にすることがよくあります。

これも思春期特有の生態のひとつ。この時期の子どもたちを動かすのは「憧れ」です。

憧れの人は、ものすごく大きく、恰好よく見えるもの。だから子どもたちは憧れの人に鍛えてほしいと思うのです。

年上のいとこだとか、近所のお兄ちゃんやお姉ちゃんなど、ちょっと年の離れた人が、社会のしくみを教えてくれたり、「中学や高校ってこういうところだから、これだけはやっておいたほうがいいよ」といったことを伝えてくれると、しみこむように入っていきます。

身近にそうしたお兄さんやお姉さんのような存在がなくても、たとえば遠い存在であるイチロー選手だって、救命救急隊員だって、ドクターヘリのスタッフだっていいのです。

この人の言うことは信じられるという憧れのモデルが1人いるだけで、違ってくると思います。

憧れの力を利用するというのは、この時期の子どもたちにとって、とても効果的なのです。


小学校高学年から中学や高校にかけては、スポーツクラブや部活の先輩に憧れたり、大好きになるといった子どもたちが多いものです。私自身もそうでした。大好きな野球部の先輩の名前を、ノートに何回も書いたくらいです。どんなに練習がきつくても、その先輩たちがいたからこそがんばれたのは間違いありません。

思春期の子どもたちは鍛錬をむしろ好む

青いハコに入った子どもたちに、生半可な配慮は逆効果です。真の実力主義であればあるほど、やる気が燃え上がる時期だからです。

中学受験もそのひとつでしょう。周りが心配して「こんなに勉強させてかわいそう」と言うことがありますが、そんなことはまったくありません。

本人たちは、むしろ生き生きと楽しんでいます。

また、何かにぬきんでた人を「強え～」「神だ！」などと言って崇め奉っている姿を見ると、子どもたちの中に自分自身もそうなりたいという憧れの気持ちをうかがい知ることができます。

受験や検定は学習法を身につける絶好のチャンス

厳しい受験であればあるほど学力が伸びますから、中学受験は、本人がやると決めたのであれば、進めさせてもよいでしょう。

ただ、私のスタンスとしては、子どもたちの中にある程度の「大人度」が醸成されていなければならないと、考えています。

たとえば小学6年生の夏の時点で、恋もして、政治など世の中を見る目も持っていてある程度の意見が言える。そういった成長の早い子のほうが有利なのが、中学受験です。

とはいえ、お子さんがそのような状態ではないとしても、それは単に成長がゆっくりなだけです。ですから、来る成長を待つという意味で、その場合は高校受験にしたほうがいいでしょう。

それでは中学受験をしない子はどうすればいいかというと、「漢字検定」や「英語検定」などが絶好の機会になります。

すでにお話ししたように、この時期の子どもたちは実力主義の甘くない、厳しい目標であればあるほど燃えるくらいですから、自然とやる気になります。

不合格になることもあるでしょうが、そんなときでも次はがんばろうと思うもの。合格したいという、本人にとっての勉強の必然性が芽生えればいいのです。

よくないのは、こういった思春期の特性を生かすことなく、ひたすらお母さんが叱咤激励してなんとかやる気にさせようと、こんこんと言い聞かせることです。

これではその子の中に勉強する必然性が生まれないし、目標になりません。

大人が上手に渡し方を工夫するとやる気になる

花まる学習会には、オリジナルの漢字テストがあります。

子どもたちにそのテストを受けさせるときは、「これって関東全県でやっているテストなんだよね」とか、「花まるの生徒のほとんどが受けている重要なテストなんだよ」といったように、渡し方を工夫しています。

ちょっとした言葉の選び方なのですが、「公式なんだ」「そんなにたくさん受けるんだから、すごいテストなんだ」というように思えると、子どもたちは俄然、やる気になります。

これと同じ構造なのが、甲子園でしょう。

子どもの頃から、「甲子園に出られるなんてすごいよね！」と親や親せきをはじめ、周りのいろんな人たちがこぞって言っているために、本人も「あ、そうなんだ！　そんなにすごいことなんだ！」と思いこむわけです。

そういうイメージを持っているからこそ、高校球児たちは甲子園に出るために体を壊す寸前まで、つらい練習を重ねられるわけです。

ちなみに、花まる漢字検定では、合格すると賞状がもらえます。

その表彰式も、とても厳かな雰囲気で行うことで、特別感を出しています。

小学5年生からが本当の勉強のはじまり

青いハコの思春期（小学5年生以降）は、低学年時代とは比べものにならないほど、学習体力が身につく時期です。

よく、「小学校のうちに受験勉強をさせると、伸びきったゴムのようにならないでしょうか？」などと心配するお母さんがいますが、一般的に上位校に合格する子の大半は、難関中学に入学したあとも生き生きと学校生活を送っています。

勉強ぎらいになるのは、勉強のやり方が間違っているからです。

わからない部分を残したまま、膨大な量をこなすだけの学習法を押しつけても身につきませんし、それではそもそも意味がありません。

9歳までの低学年の勉強は、その場のひらめきや少しの練習でクリアできることがほとんどですが、高学年以降の勉強は、できなかったことをできるようにすることが大切になります。苦しんでうんうんうなりながらがんばることで自分を高めていける時期ですから、努力が実を結ぶことを実感できるようになります。

誠実、コツコツ、一心、まじめが価値を持つようになるのです。

身につけたいのは学力をものにする学習法

幼児期の子どもは、過去を振り返ることをしませんから、大人としては「そういうものなのだ」とかまえて、同じことを何度も言ってあげる必要があります。

一方で思春期の青いハコの特徴は、「振り返りができるようになる」ことです。

「あのひと言は、言ってはいけなかったな」とか、「もっとがんばっていれば、いい点数がとれたのに」といったように、経験から教訓を取り出して次に生かすということが可能になってきます。

青いハコの時期の学習テーマはこの特性に合わせて、勉強の「しかた」、すなわち「学習法」を身につけていくことになります。

ノート法を学習法の中心にして学力の基礎を身につける

小学5年生以降の子どもたちにすすめている勉強のしかたが、ノート法によって学力を身につける学習法です。

教科別にノートの種類を使いこなす方法

勉強とは、自分のできないところを発見し、それを克服していくのがその本質であるはずです。だからこそ、自分で工夫してノートをとることで、できなかったところや課題を明確にし、次はできるようにと鍛えていくことができるのです。

反対に伸び悩む子どもを持つ家庭で多いのは、「どのドリルをやるのが一番いいですか」という考え方です。伸び悩む子どもたちは、ひたすら問題を解いて、量をこなすのが勉強という間違った価値観を持ってしまっているのです。

これでは、自分のできない部分に向き合うことはできません。

問題数は少なくてもいいのです。代わりに、やったことはすべてわかっているという考え方、生き方をさせなければ、本当の意味で伸びることはありません。

簡単ではありませんし、時間もかかりますが、結局は一番の近道なのです。

ここでは、基本的なノートの種類と使い方について概要を説明します。

①授業ノート

授業を聞くときにとるノートです。授業ノートには、「必ずこうする」などというた絶対のルールはありません。授業ノートをつくるときにもっとも大切なのは、本人が集中して話を聞きながら書けているかということです。

つまり、授業内容を理解したうえで、板書しているかどうかが肝心なのです。

聞きながら、「これは大事だな」とか「これはあとで調べよう」などといったことを、176ページ以降の例のようにメモしていってもかまいません。

その場ですべてを理解するぞ、といった心構えがあることが前提となります。

授業ノートの例（国語）

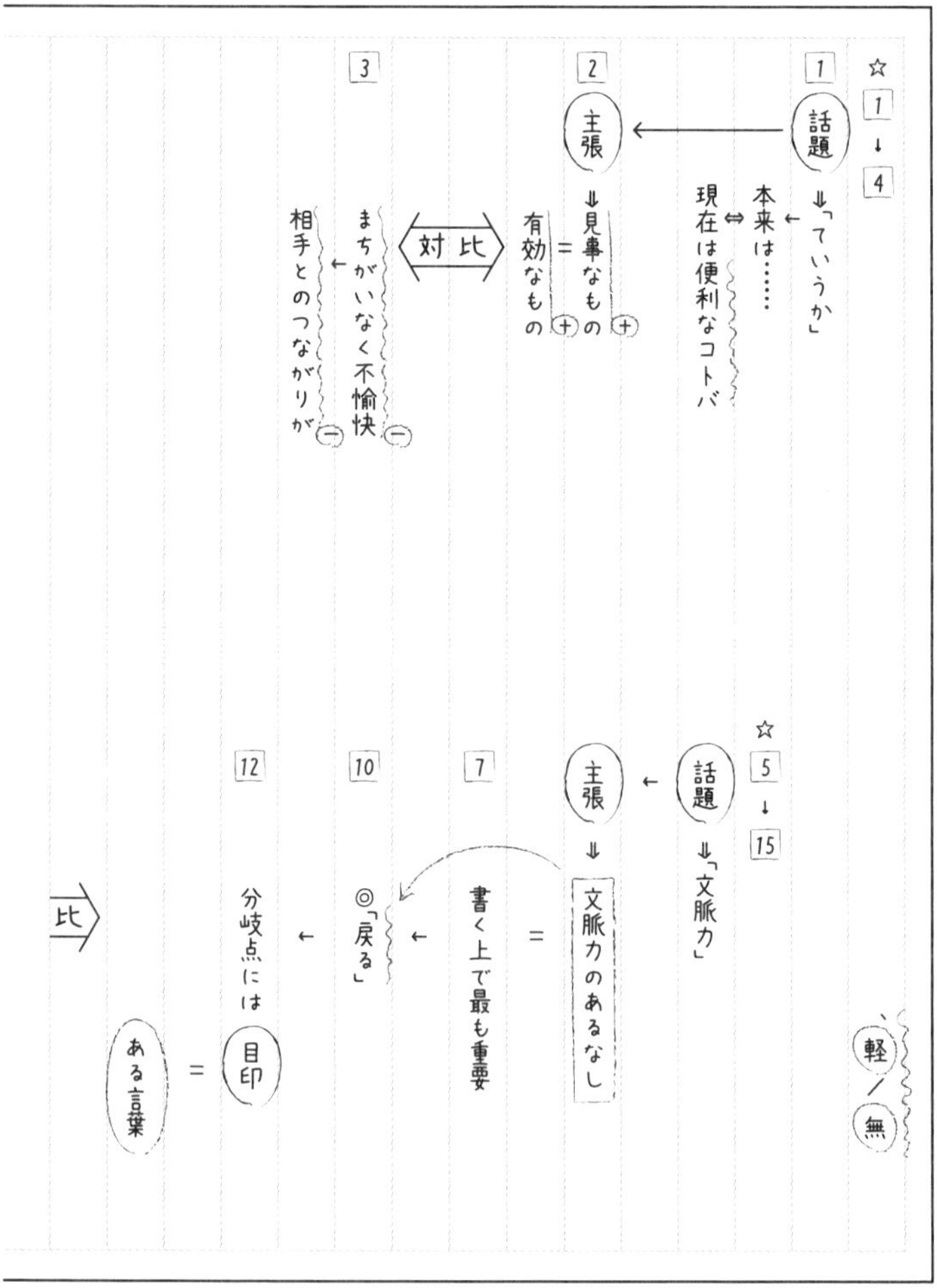
☆
1
↓
4
1
話題
⇓「ていうか」
← 本来は……
⇔ 現在は便利なコトバ
2
主張
⇓見事なもの ＋
＝ 有効なもの ＋
対比
3
まちがいなく不愉快 −
← 相手とのつながりが −
軽／無
☆
5
↓
15
話題
⇓「文脈力」
←
主張
⇓
文脈力のあるなし
＝
7
書く上で最も重要
←
10
◎「戻る」
←
12
分岐点には
目印
＝
ある言葉
比

13 そもそも ⇐ 対 「戻れない」会話

＝ おしゃべり

問四

7 a 文章力

そのような人…… ⇐

ポ 問題指示語

［キメ］大量の文章を書くことが

できるかできないか

b 文脈力

6 的確につかまえる

←

7 ［キメ］これまでの内容を次の展開に

つながるように意識する（ことを指す）

問七

ポ 傍をわける

「会話」

⇒

どんな球を投げられても

⇐ ？ ☆

◎話が本筋からずれることになっても

授業ノートの例（算数）

13回　②相似の利用

11/26　相似比……対応する辺の比

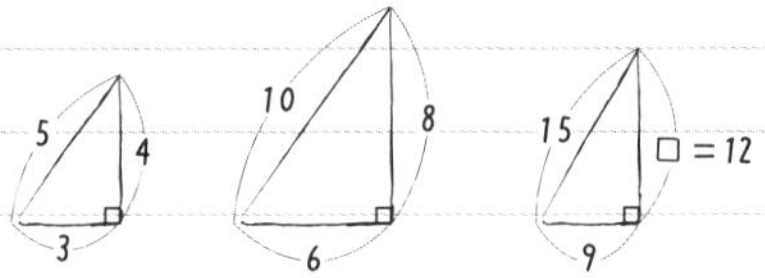

3：6 ＝ 1：2

4：8 ＝ 1：2

5：10 ＝ 1：2

相似比

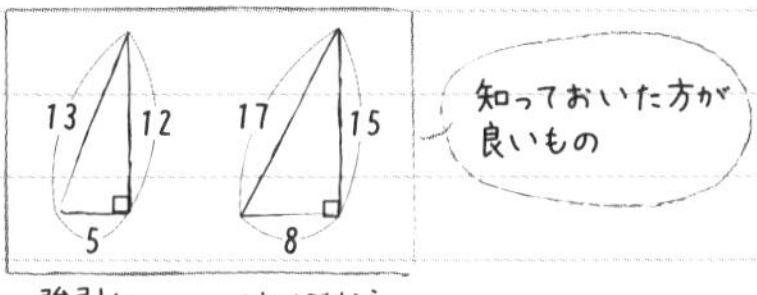

強引に　ひとみちゃん

はいごから　いながき（ごろう）

面積比……対応する辺の比をそれぞれかける

1 × 1 ： 2 × 2 ： 3 × 3

1　　4　　9

②演習ノート

次から次へと問題を解く訓練のためのノートです。

演習ノートでもっとも意識してほしいのはスピードです。

それはなぜか。実は演習ノートで、「考え方が頭に入っているかどうか」を見ることができるからです。ゴールまでの見通しが立ったうえで解いていれば、よどみなく手を動かすことができるはずですし、それが確認できるのです。

次に意識してほしいのは、スピードをつけるための訓練です。

学校ではスピードを持って解く力を鍛えてはくれません。ですが、試験では考える速さ、解く速さというものが、合格を左右する大きな要素になります。

演習ノートはあとで見直す必要はありませんから、字が雑になってもかまいません。ただし、短期的に見返すことを考えて、次ページのノートの例のように筆算をコラム化したり、線を引いておくといった工夫をすることが大切です。

間違えた答えを書いてもそれは自分の記録ですから、消しゴムで消したりしないで、斜線を引くなどで試行錯誤の過程を残すようにします。

演習ノートの例①

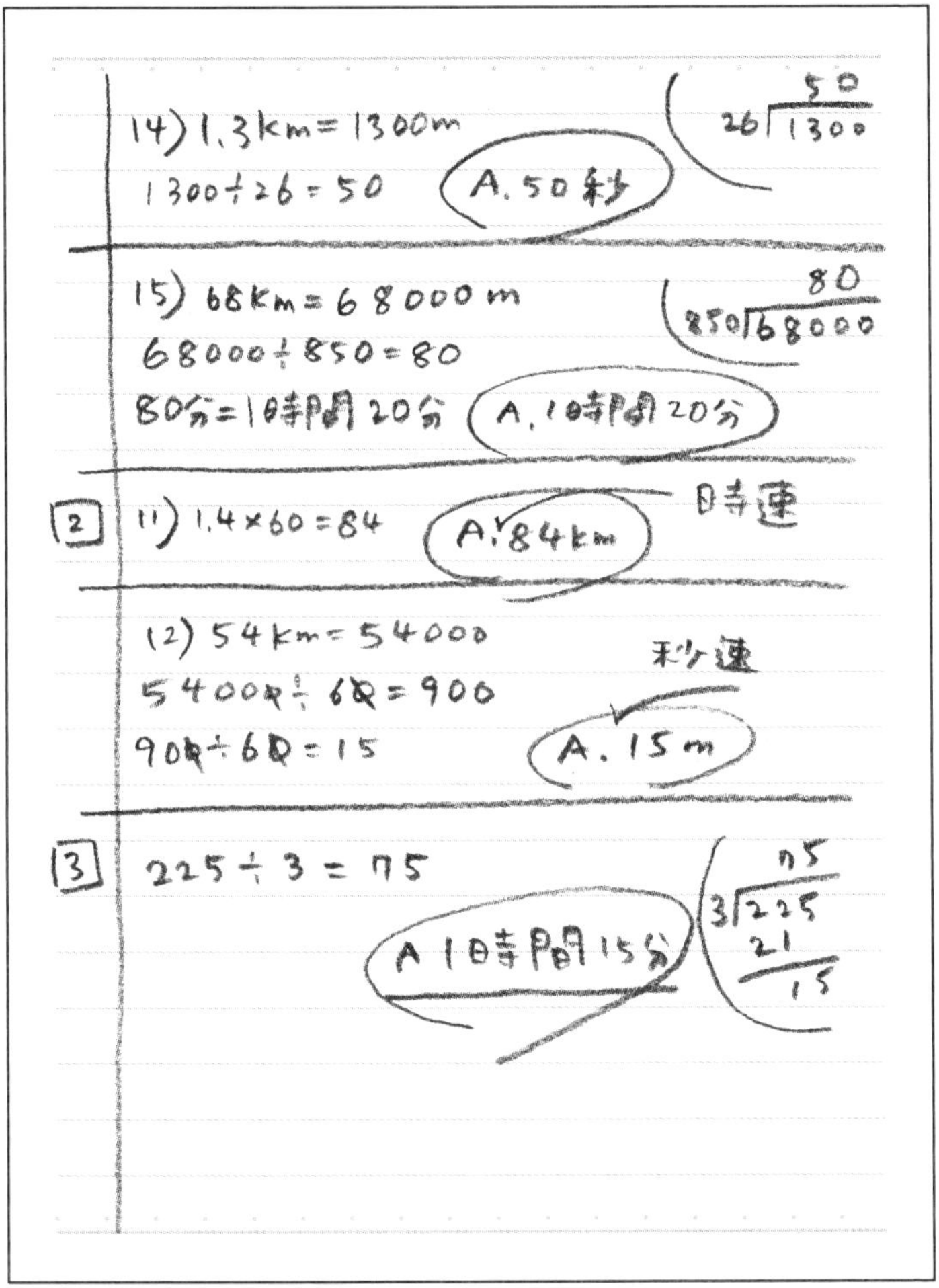

14) 1.3km = 1300m
1300÷26 = 50   A. 50秒

26)1300 = 50

15) 68km = 68000m
68000÷850 = 80
80分 = 1時間20分   A. 1時間20分

850)68000 = 80

2 11) 1.4×60 = 84   A. 84km   時速

12) 54km = 54000
54000÷60 = 900
900÷60 = 15   A. 15m   秒速

3 225÷3 = 75   A 1時間15分

3)225 = 75

演習ノートの例②

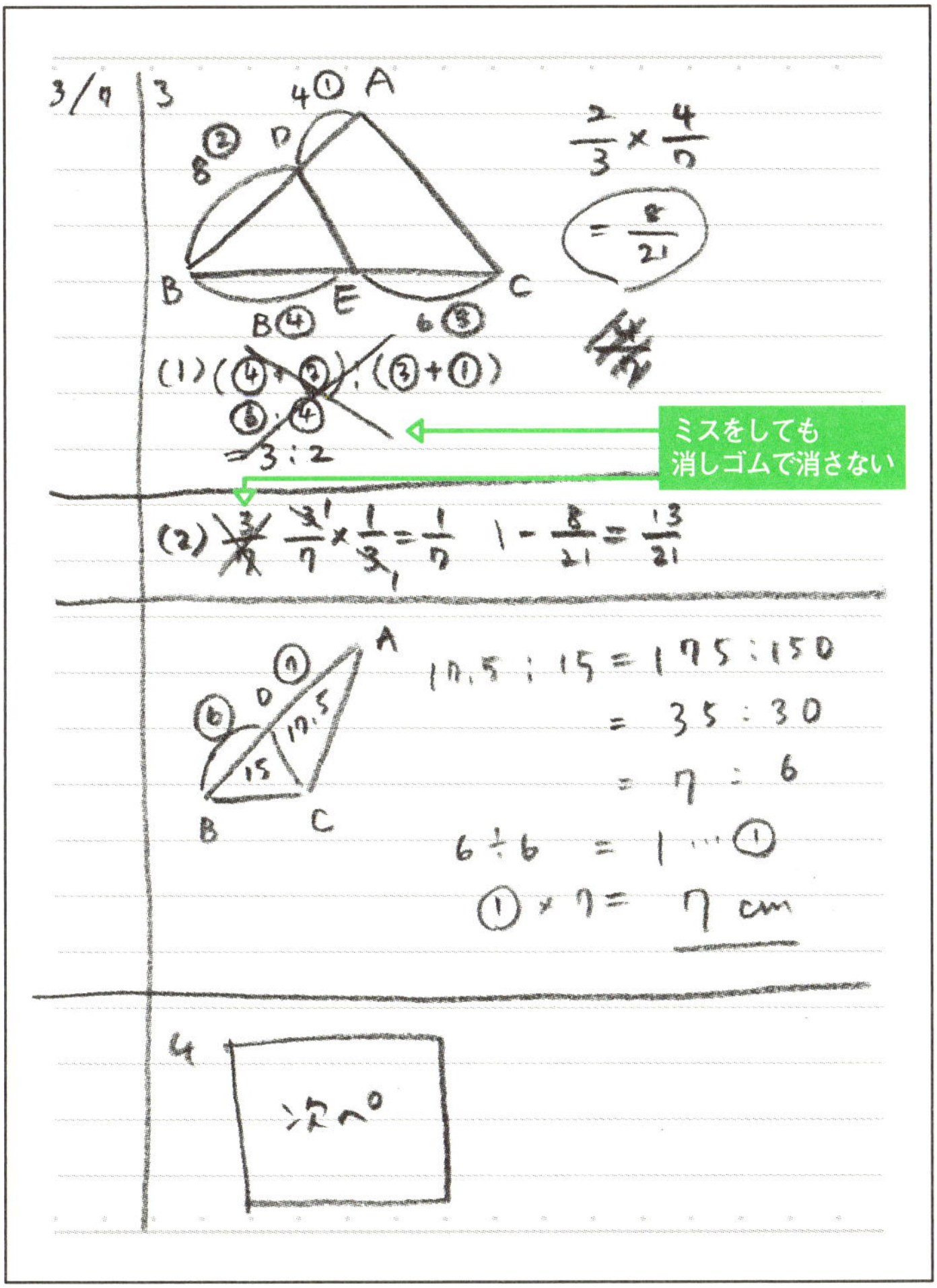

③知識ノート

中学受験をめざす子どもたちに使ってほしいのが知識ノートです。

知識ノートは受験生向きのため、小学校の高学年のうちに身につけておくと、高校受験や大学受験の際も力を発揮してくれます。


知識ノートの目的は、知識を自分のものにすることです。

たとえば算数の知識ノートの場合、次ページの例のようにたくさんの公式や発想法をひとつにまとめ、必要なときに再確認をしていくというように使います。

また、社会の知識ノートであれば、１８４から１８５ページの例のように時系列で出来事を記入しながら、確認のための問題と解答を書いておくというように使います。

なお、知識ノートは何度も見返すものですから、丁寧な字で書きましょう。

さらに、算数の「立体なら立体」「場合分けなら場合分け」といったように、ルーズリーフで作成して分野ごとにファイリングすると使いやすくなるので、おすすめです。

知識ノートの例（算数）

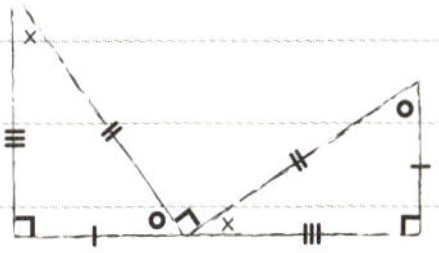

この2つの三角形は
合同である

複図形の面積の求め方

①いくつかに区切って、面積を合計する

②面積のわかる図形で囲んで、まわりの面積をひく

③等積移動を使い求めやすい形にする

④辺の比や面積比を利用

⑤高さか底辺の等しい面積の和（差）は
底辺か高さの和（差）× 高さか底辺 × $\frac{1}{2}$

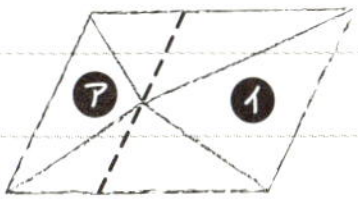

ア ＋ イ ＝全体の半分

おうぎ形の中心角

①360×弧÷円周　②360×おうぎ形の面積÷円の面積

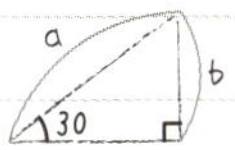

a：b=2：1

知識ノートの例（社会）

9/23

次のA～Fのカードは、明治時代から昭和時代までの日本が関わったおもな戦争について述べたものです。

A
この戦争の結果、日本は戦争にかかった費用を大きく上回る賠償金《ばいしょうきん》を手に入れました。このことから、日本人の中には「戦争はもうかるものである」と考える者も出てきました。

→

B
この戦争は、日本にとっても相手国にとっても、苦しい戦いでした。日本は多くの犠牲《ぎせい》をはらって勝利したものの、賠償金を得ることはできませんでした。

→

C
この戦争には、多くの新兵器が使われたこともあって、かつてない多数の死傷者《ししょうしゃ》が出ました。その一方で、日本は戦争中に大幅《おおはば》に輸出をのばし、これまでにない好景気となりました。

→

D
この戦争は、北京《ペキン》近くで日本軍と中国軍が衝突《しょうとつ》した事件をきっかけに始まりました。広大な国土を持つ中国との戦争は長引き、それにともなって国民の生活は厳《きび》しくなりました。

→

E
この戦争は、マレー半島やハワイを攻撃《こうげき》して始まりました。戦場を広げた日本軍は、各地で敗北を重ね、ついに日本本土もアメリカ軍の激《はげ》しい爆撃《ばくげき》を受けるようになりました。

→

F
この戦争は、日本の不景気を解決しようと、中国の東北部にいた日本軍が引き起こしたものです。日本は中国東北部を中国から切り離《はな》し、支配の実権《じっけん》をにぎりました。

次ページにつづく

前ページのつづき

Q. Aの戦争について、賠償金は何に最も多く使われましたか？ ㋐八幡製鉄所の建設費　㋑軍事費　㋒教育費	A. イ
Q. Bの戦争の講和会議は、どこの国で開かれましたか？ ㋐アメリカ　㋑イギリス　㋒フランス　㋓中国	A. ア アメリカ大統領セオドア＝ルーズベルトの仲だちでポーツマス条約が結ばれた。
Q. Cの戦争中に起こったできごとでないものは？ ㋐米騒動が全国各地に広まりました。 ㋑日本はシベリアに軍隊を送り込みました。 ㋒二十一か条の要求を中国につきつけました。 ㋓韓国を併合して、植民地としました。	A. エ 韓国併合は、1910年の出来事です

④復習ノート

おもに算数や理科など理数系の思考が求められる科目でつくるノートです。

基本的には、次の4つの項目を入れ込みます（188ページ参照）。

・問題
・解答
・できなかった理由
・ポイントと教訓

復習ノートに書きとめる問題は、なんでもいいわけではありません。

自分で「なるほど！　こう考えればよかったのか！」と強く納得した問題だけをためていくようにします。ケアレスミスをして間違った問題は入れません。

解答は、一気に書くことが大事です。

自分の頭に入っているものを、一度はき出すということが復習ノートの目的ですから、問題集を見て答えを写していてはノートをつくる意味がないのです。

それにもかかわらず、ついつい解説を写してしまう子が多くいるのですが、そのような子に対しては、たまにノートの解答部分を隠したりして、解き方を説明させてもいいでしょう。

「こういうポイントがあって、ぼくはここができなかった」

と自分で言語化できていれば、理解できていることになります。


できなかった理由や教訓の部分は、時々は塾の先生などに見てもらったほうがいいでしょう。理由や教訓が的外れになっていると、せっかくの勉強が無駄になってしまいます。

「よくわからなかったから」「次はがんばる」では身につきません。

そうではなく、

「展開図にするという発想が思い浮かばなかったから」

「立体は必ず4つのうちのどれかの平面図にする」

といったように、意味のあるものをためていくことが大切なのです。

算数の復習ノートの例

平成17年度　城北中〈第1回〉3 (2)

下の図は内角がすべて120°の六角形です。ＡＢ＝10 cm、ＢＣ＝3 cm、ＤＥ＝11 cm、ＦＡ＝4 cmのとき、この六角形の面積は、1辺の長さが1 cm正三角形の面積の□倍です。

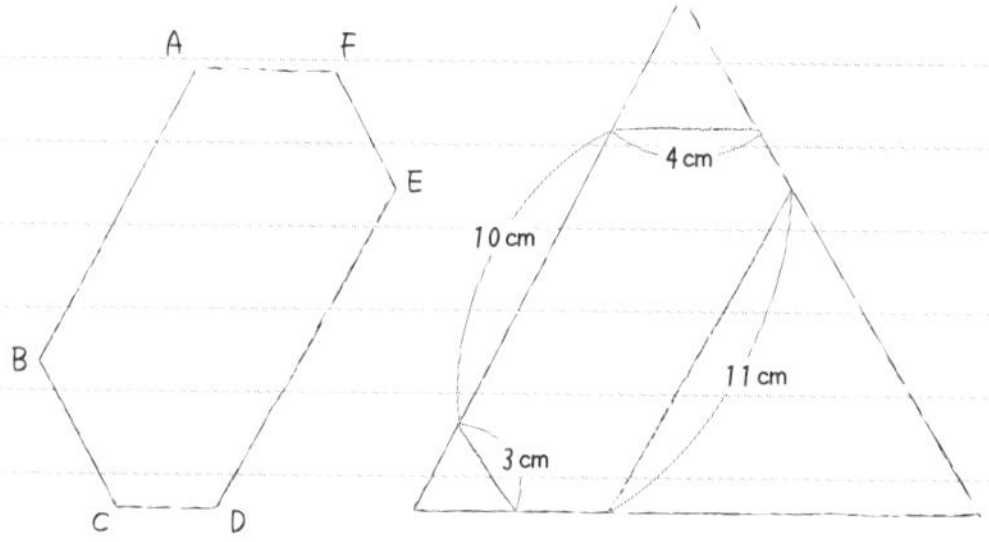

赤い線を書き加えると

三角形はすべて正三角形になる（全部120°）

大きな正三角形は（10＋4＋3＝）17 cmになる。

1辺1 cmを1×1とすると、大＝17×17＝289になる。

上は4×4＝16、左下は3×3＝9、右は11×11＝121

五角形は289－（16＋9＋121）＝143　　A. 143倍

延長線の上と右がかけなかった。

正三角形に分けるから、全体を正三角形にする。全部120°だから、外側にできる三角形は全て正三角形。

また、復習ノートはつくりっぱなしにせず、1~2カ月ごとに解きなおすことが大事です。そして解けたら○、解けなかったら×を問題の横につけていき、3つ以上○がついたら理解しきった証として、ファイルからページを抜きます。

このようにして、最終的に考え方が定着したかどうかを、自分で確認させるようにしていきましょう。

復習ノートの「考え方を定着させる」という目的は、いろいろな科目で重要です。理科であれば、ある現象のしくみを人に説明できるレベルまで高められた子どもは伸びます。たとえば、

「電気は、電位というムラが世界中にばらけていることで発生します。常に電位差があることで生まれるのです。その電位差に導線をつなぐと電気が流れるし、抵抗があれば量は少ないけれど熱を発しながら流れます」

などのように単なる公式ではなく、有機的な説明をできるような残し方をしていくと効果的です。

社会科の復習ノートの例

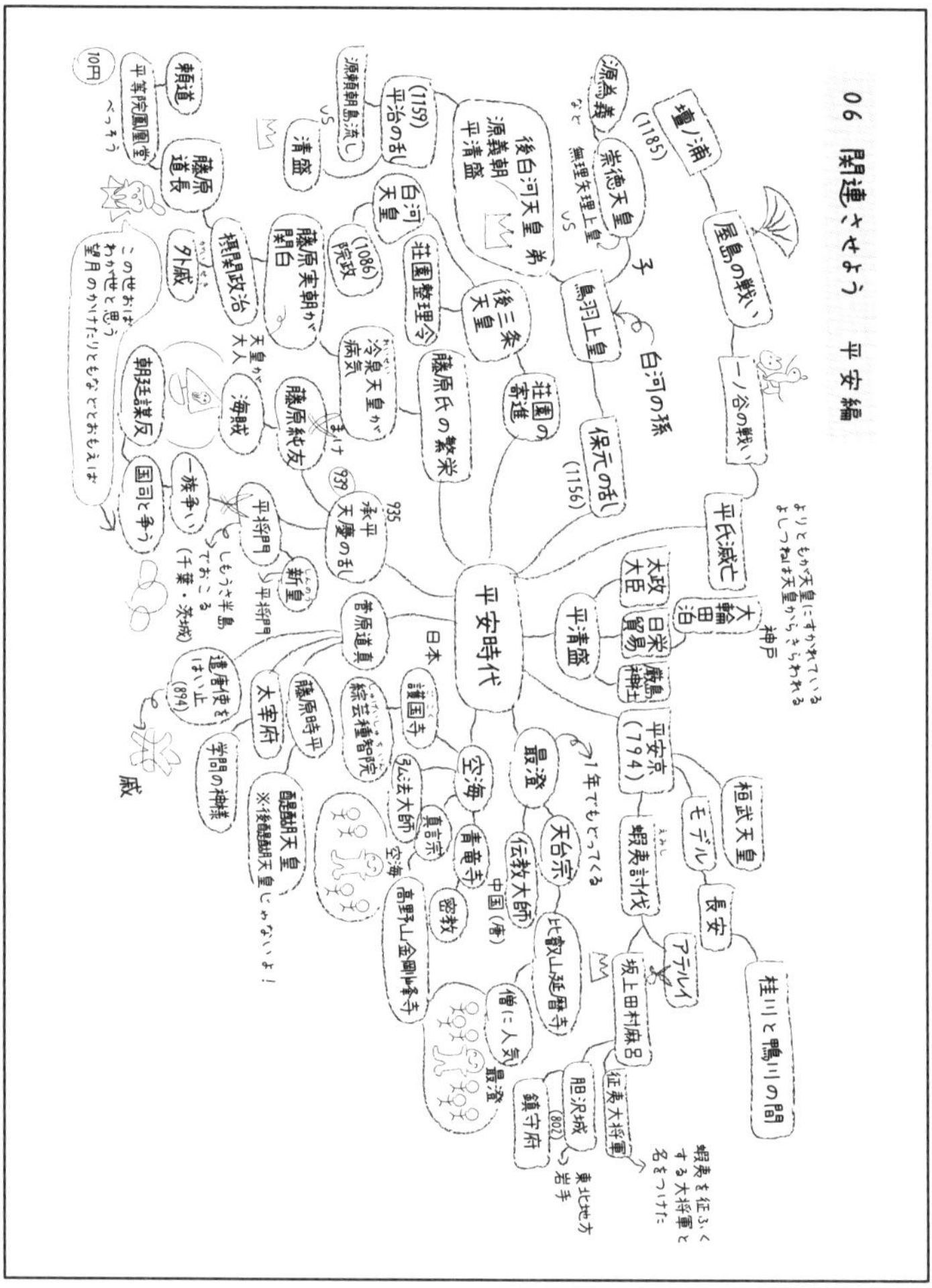

復習ノートはおもに理系用として使うのですが、前のページの例のように社会科などでも同じように役立てることができます。社会科の復習ノートをつくるときも、理系の科目と同様に説明できるようにすることが大切です。

単に、「○○年に○○があった」というような断片的知識ではなく、たとえば「貨幣制度」「土地制度」などといったテーマで歴史をまとめる。そして、「こういうことが背景にあって、それによってこの制度ができた。○○時代には○○がこの制度をこんなふうに改革し、結果こうなった」といったように物語として話すことができると、それが楽しくなります。

ジャーナリストの池上彰さんなんかは、まさに説明のプロですね。

⑤対訳ノート

ここで、中学に進学したときのために英語のノート法についても紹介します。

英語は、やったらやっただけ伸びる、やったもの勝ちの科目です。

ひとついえることは、「英語の歌を楽しめると英語の上達が早い」ということです。これは、「好き」なものから英語に入っているからです。

もともと英語の上達にもっとも効果的なのは、英文そのものを覚えてしまうことなのですが、英語の歌が好きなら愛情というモチベーションを持って取り組めるためにしっかり定着しますし、一生忘れないものになるのです。

この「英文そのものを覚える」ためのノートが対訳ノートで、学校の定期テストや入試にも使えるものです。

対訳ノートには、左側に例文、右に日本語訳を書きます。

そして、日本語訳を隠したうえで、英文を見ながらすらすら訳せたら、定期テストなどではしっかり点数がとれるはずです。

英文を見ながら「desk ＝ 机」などといちいち変換するのではなく、英語を英語のまま読み、意味を把握していくのが理想です。

「この例文が、この単元では大事だった」「この文章では現在進行形が出た」というように文法説明などを入れ込めるとなおよいでしょう。

受験をめざすと決めたときがノート法をはじめるチャンス

ここまでいろいろなノート法を紹介してきましたが、はじめる時期が大事だということもお伝えしておきます。

ノート法は、青いハコの時代には振り返りができるようになるからこそ意味を持ってきます。

ですから、中学受験をめざす子は、小学5年生の後半くらいからがはじめどきです。一方で、高校受験をする子どもたちであれば、基本的に中学2年生くらいから根づかせていくといいでしょう。

受験生は、「志望校に合格したい！」というはっきりとした動機がありますから、正しいノート法を積み上げていく必然性がその子の中に生まれます。

この意味で小学6年生や中学3年生は、学習法を身につけるチャンスなのです。

ただし、自分のための勉強ですから、ここでお母さんやお父さんがノート法を根づかせようとして口出しをすると、だいなしになってしまいます。

この点には十分に気をつけましょう。

ノートの女王への道

先に紹介したいくつかのノート法を、少しずつ自分のものにしていったNさんという女の子がいます。

Nさんは、小学3年生の終わりに私の塾に通いはじめました。自宅から塾まで電車で通っていたこともあり、はじめのうちは泣きながら来ていました。

「無理させないでもいいですよ」と電話口でお母さんに言うと、その後ろで「やだ！　やめない！」と言っているNさんの声が聞こえました。

そのときから、気持ちがしっかりとある子なんだなと感じていました。

Nさんがすばらしく伸びた要因は、私たちが伝えたノート法の説明をとにかく素直に聞き、忠実に実行していったことです。

授業で勉強したことが一つひとつ身についていき、成績も伸びていきました。

そして6年生の秋頃にはノート法を完全にマスターし、Nさんのノートはお手本としてみんなの前で表彰され、「ノートの女王」と呼ばれたほどです。

Nさんは、まず届かないだろうとされていた難関私立中学に合格しました。

さらに、Nさんは精神的にも成長しました。

はじめての子の中学受験ということもあり、本番直前に心配でたまらなくなったお母さんに対し、「大丈夫。やるべきことはやったから受かるよ」と、安心させるためにひと声をかけたのです。

発想法の体系化も思春期からはじめる

小学3年生の9歳までに、「空間を認識する能力」を育む必要があります。
また「物事の核心をつかむ力」も、この時期までに身につけたい能力です。
そして、これらがその後の学習で大きな差となって出てきます。

思春期からが本当の勉強をはじめる時期

こうしたことをお話しすると、「うちの子、もう5年生だから手遅れなんじゃないですか」と感じるお母さんもいるようです。

しかし、それはまったく違います。むしろ思春期からその先こそ、努力することでどんどん伸びていける時期なのです。

たとえば、目の前の問題がうまく解けないとしたら、やるべきは解ける子どもたちの「発想のしかた」を学び、知識として身につけることです。

算数の立体問題であれば、「見取り図」「断面図」「展開図」「投影図」のどれかに落とし込むことが、正解の糸口を見つけるコツです。

そうした問題を解ける子どもたちは、これを当たり前にやっています。

ですが、たとえ立体問題が苦手な子でも、たとえば「4つのうちのどれかで考えればいいのか」という考え方が身につくと、苦手意識はなくなります。

できる子の「でき方」「見え方」を体系化する

こうした発想力を持って、たとえば199ページのような立体問題に取り組んでいくうちに、「あ、これは断面図にしてみるといいな」などのように、パターンがいくつか見えてくるのです。

いわゆる「センス」で片づけられてしまうような部分を、このようにして発想を体系化するということによって人一倍努力した子は、確実に難関入試を突破していきます。

発想を体系化するためのノートが、182ページで紹介した「知識ノート」です。次ページの問題のように、難解で一見して糸口が見つからなそうな問題でも、「ああ、まずこうしてみよう、そしたらこうなるだろう」とわかっていれば困ることはありません。

たとえば整数問題は、なまじ計算が得意だった子にとっては、答えがなかなか決まらないことが耐えがたく、苦手とすることが多い分野です。

けれども、「整数問題の場合はこう考える」という発想を知識ノートにためて、自分の中に落とし込むことができると、苦手な意識はなくなります。

青いハコの思春期以降こそが、「学習法」と「発想法」を飛躍的に伸ばせる時期です。学習法を明確にして、そのうえで発想法を身につけていくことで、いくらでも伸びていきます。長年教育現場で見ていて、そう実感しています。

本当の意味での勉強とは、与えられたドリルを解くことではありません。

自分ができないところを発見して、それまでできなかった発想のしかたを学んで身につけていくことでしか伸びないのです。

立体問題の例

・**問題**

サイコロを右の図のように、たて５コ、よこ５コ、高さ５コで積み重ねてすべてをのりでくっつけました。

そのあと、正面と横から階段の模様になるように向こうがわまで切り抜きました。

では、このとき何個のサイコロが切り抜かれるでしょうか。

階ごとに断面をイメージすると、

〈2階〉 21コ

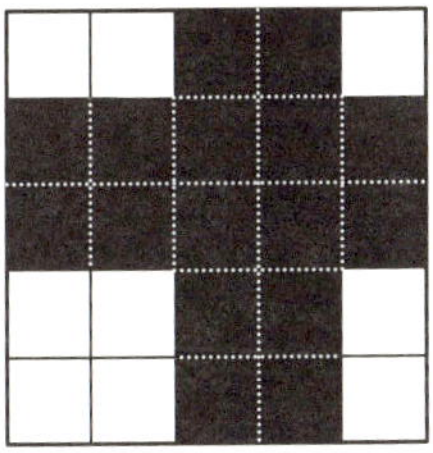

〈3階〉 16コ

〈4階〉 9コ

・**答え**　合計46個

思春期は伸びるも落ちるも友だち次第

最後に、友だちが与えてくれる影響についてお伝えします。

花まる学習会に通っていた2人の女の子がいました。SさんとKさんです。

2人とものんびりした雰囲気の子たちで、ぎすぎすした争いをしないタイプでしたからあまり中学受験向きではなく、成績も下位のほうでした。

2人は実に仲がよく、トイレまで一緒に行っているほど。その一方で、休み時間にしゃべっている以外は横並びに座って、黙ってじっと自分の勉強に集中していました。

つらくても、一緒に走ってくれる仲間がいるとつらいと感じなくなり、ともに伸びていけるものです。切磋琢磨できる友だちがいると、すごく楽しいですよね。

そして2人とも、とても伸びました。

この2人とは反対に、悪い友だちができると一緒に落ちていく時期でもあります。心配でしょうが、友だち選びにお母さんが口をはさむのは避けましょう。

思春期は部活で心身ともに鍛える

また、小学5年生や6年生の思春期に、野球やサッカーなどのチームに入ることは、仲間と切磋琢磨するという意味で、非常に大きな意味を持っています。ですから、小学生では入らなかったとしても、中学生になったら部活に入るのは必須としたいところです。体を鍛えるという意味でも、野球や陸上、水泳、サッカーなどの体育系がいいでしょう。

一方の文化系でも、たとえば吹奏楽なんかはほとんど体育系と変わりません。みんなで音を合わせるときに、一音でもずれたらハーモニーにならないですから、真剣に詰めて練習しますよね。それに、県大会に出場するといった甘くない目標があれば、つらい練習であってもやり抜けるようになるはずです。

Column 5

卒業訓示の威力

私は毎年、花まる学習会、スクールFCの小学6年生を対象とした、卒業記念講演を行っています。この講演は、幸せな中学、高校生活を送るためにはどんなことに気をつけなければならないのか、面と向かって話せる貴重な機会です。

そのためか、子どもたちは毎年、食い入るようにまじめに聞いています。

大人たちの本音を聞きたいという、思春期の特性からでしょう。

お父さんが息子に、またお母さんが娘に本音トークをすることはもちろん大事なのですが、第三者からの本音トークは聞けば聞くほどプラスになるなあと思います。

かぶれやすいし、流されやすい時期でもありますが、あとあと大学の学部選びなんかのときに、「あの人がああ言ってたなあ」などと決め手になることもあります。そのくらい、大人の本音を真剣に受け取ってくれる時期なのです。

以下は、卒業記念講演の参加者の感想です。
たくさん寄せられた感想のほんの一部ですが、紹介しておきます。

「ちょうど今、自分に自信が持てず悩んでいました。勉強のこと、友だちのこと、学校のこと。ですが先生の話を聞いて、今までの悩みがすべて消えました」

「自分に足りないのは『異性を学べ』ということだと痛感しました」

「わが家は母子家庭です。母をどう支えてあげればいいのかわからなかったのですが、今日わかりました」

「僕は、この講演会で、今何をすべきか。これからの人生をどのように生きていけば、一番自分の望む幸せに近づけるかがわかりました。今日から、自分に正直になります」

「いじめを笑いに変える勇気をもって、広い心で生きていこうと思いました」

「いつもお母さんに『おいしいよ』と言うと、とても喜んでくれるのは、評価してくれる人がいないからだとわかりました。もっと言葉にしたいと思います」

あとがき

現場でお母さんたちと接していると、お母さんってわが子のこととなると、バランスを崩しがちだなと思います。

このメソッドがいいと聞くと、わが子の発達段階も見極めずに突っ走る。あれもこれもと、消化できないくらいのお教室・ドリル・お稽古ごとに手を出す。やるとなると過剰なくらいのめりこんで口出ししてしまい、かえって子どものやる気を失わせる……。

「長年見ていて、あと伸びした子は、『要するに』っていう言葉をよく使う子でした」と講演会で伝えてしばらくして入会してきたある少年は、「先生、要するにトイレに行っていいですか」というような、まったく無意味な「要するに」を頻繁に使いました。

本人に尋ねると、「とにかく騙されたと思って、『要するに』って使いなさい。高濱先生が言うんだから間違いないのよ」と言われたそうです。

極端な例ですが、これに類する話は日々あふれています。どのお母さんも、まったく悪気などありません。ただただわが子のことが心配だし、思いを行動に移しているだけです。

そうまでなってしまったお母さんたちには、ある共通項がありました。子育てのことについて、さらけ出して話せる相手がいなかったことです。夫でもママ友でも実の母でもいい、「だよねー」と心を許しておしゃべりをし、子育ての方針や選択肢について、共有し共感できる人がいないと、お母さんは暴走しがちです。

母親とは、「心配が日々あふれる生き物」です。どんなに自身が優秀で、子どもが健康で元気に育っていたとしても、ほかの子とくらべて「うちの子は大丈夫かしら」という思いがあふれるものです。

それが基本なのに、共感してくれる人、ねぎらってくれる人、わかってくれる人がいないと、不安が高まってバランスが崩れてしまうのでしょう。

この本は、子育てについて時間的な見通しを立ててほしいなという想いで書きました。内容の大半が実用的なものになっているからこそ、お母さまが読む場合、どの方法でもいいので、周りの人にしっかり支えられホッとできている状態で読んでいただきたいと願っています。まずは母の安心を。そのうえでこの本が、子育てのプラスに役立ってくれれば幸いです。

最後に、この本は、私が口述で語る内容を文章としてまとめあげてくれた花まる学習会の竹谷和さん、全体の進行を管理してくださったかんき出版編集部の朝海寛さんのおかげでできあがりました。ここにあらためて感謝いたします。

【著者紹介】
高濱正伸（たかはま・まさのぶ）
◉――花まる学習会代表。1959年、熊本県生まれ。県立熊本高校卒業後、東京大学に入学。在学中から塾講師や幼児の野外活動の指導者などのアルバイトを経験。同大学大学院修士課程修了。93年２月、小学校低学年向けの「作文」「読書」「思考力」「野外体験」を重視した学習教室「花まる学習会」を設立。同時に、ひきこもりや不登校児の教育も開始。95年には、小学４年生から中学３年生対象の進学塾「スクールＦＣ」を設立。算数オリンピック問題作成委員や決勝大会総合解説員も務める。
◉――子どもを「メシが食える大人に育てる」ことが教育信条。教室での独創的な授業はもとより、サマースクールや雪国スクールなど、さまざまな試みが評判を呼び、たちまち爆発的な人気を得る。各地で精力的に行っている講演会は、毎回キャンセル待ちが出るほどの盛況ぶり。
◉――著書に『夫は犬だと思えばいい。』（集英社）、『わが子を「メシが食える大人」に育てる』（廣済堂出版）、『13歳のキミへ』（実務教育出版）など多数。

勉強《べんきょう》が大好《だいす》きになる 花《はな》まる学習会《がくしゅうかい》の育《そだ》て方《かた》　〈検印廃止〉

2013年３月21日　第１刷発行

著　者――高濱　正伸©
発行者――斉藤　龍男
発行所――株式会社　かんき出版
東京都千代田区麹町4-1-4西脇ビル　〒102-0083
電話　営業部：03(3262)8011㈹　編集部：03(3262)8012㈹
FAX　03(3234)4421　振替　00100-2-62304
http://www.kankidirect.com/

ＤＴＰ――荒井雅美（トモエキコウ）
印刷所――ベクトル印刷株式会社

乱丁・落丁本は小社にてお取り替えいたします。

ISBN978-4-7612-6900-5 C0037